江西省高校人文社会科学重点研究基地（一类）
赣南师范大学客家研究中心
赣南师范大学客家研究院
Hakko Studies College of Gannan Normal University

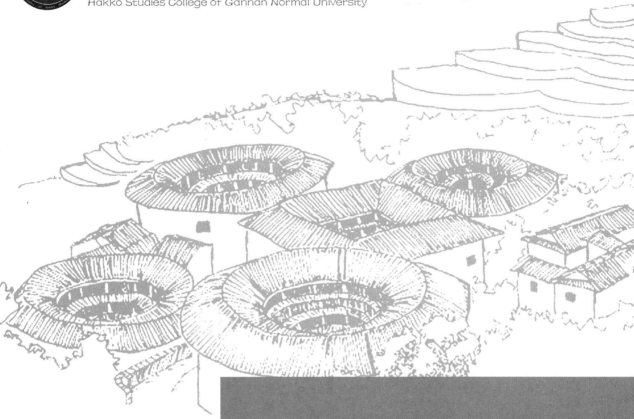

客家研究前沿
KEJIA YANJIU QIANYAN

林晓平　温春香◎主编

黑龙江科学技术出版社
HEILONGJIANG SCIENCE AND TECHNOLOGY PRESS

图书在版编目(CIP)数据

客家研究前沿／林晓平，温春香主编． — 哈尔滨：
黑龙江科学技术出版社，2021.12
ISBN 978 - 7 - 5719 - 1266 - 6

Ⅰ．①客… Ⅱ．①林… ②温… Ⅲ．①客家人 - 民族
文化 - 研究 Ⅳ．①K281.1

中国版本图书馆 CIP 数据核字(2021)第 279961 号

客家研究前沿
KEJIA YANJIU QIANYAN
林晓平　温春香　主编

责任编辑　王　姝
封面设计　欣鲲鹏
出　　版　黑龙江科学技术出版社
　　　　　地址：哈尔滨市南岗区公安街 70 - 2 号　邮编：150007
　　　　　电话：(0451)53642106　传真：(0451)53642143
　　　　　网址：www.lkcbs.cn
发　　行　全国新华书店
印　　刷　黑龙江艺德印刷有限责任公司
开　　本　787 mm × 1092 mm　1/16
印　　张　11.5
字　　数　300 千字
版　　次　2021 年 12 月第 1 版
印　　次　2021 年 12 月第 1 次印刷
书　　号　ISBN 978 - 7 - 5719 - 1266 - 6
定　　价　40.00 元

《客家研究前沿》编委会

目　录

客家文化保护与传承

客家文化自信与守望

房学嘉①

摘　要：本文旨在探讨客家文化自信与守望。从学理层面看，多维度探奥客家历史文化源流，已持续200多年。客家文化引起世人的关注，因客家文化的核心价值不但具典型性与唯一性，而且具多样性与多面性。从政府层面看，先后在粤东、赣南、闽西设立客家文化生态保护区，是提振文化自信与守望的原动力。从方法论上看，以唯一性与典型性的民居建筑围龙屋为切入点，微观其文化内涵；以方言土音等文化符号为切入点，略述其文化的多样性与多面性。

关键词：文化自信；客家；客家历史文化源流；客家文化核心价值；客家文化生态保护

引　言

本文以历史文化人类学的微观与宏观视角，试就客家文化自信与守望进行学理层面的探讨，内容如次：一是典型性与唯一性，二是多样性与多面性，三是客家文化生态保护管窥。因限于篇幅，其他文化符号则述略之。为避免过于空泛，讨论以客家文化核心区域的粤东为重点，兼及周边地区。

---

① 作者简介：房学嘉，男，广东梅县人，嘉应学院客家研究院原院长、广东省普通高校人文社会科学重点研究基地主任、美国哥伦比亚大学访学研究学者，先后客座新加坡国立大学、日本东京都立大学、台湾大学、台湾交通大学等，兼职南昌大学硕士生导师、中南民族大学硕士生导师。学术兼职：中国民族学会常务理事、广东省民族学会副理事长。主要研究方向：客家历史与文化。主要著作：《客家源流探奥》《粤东客家生态与民俗研究》《客家民俗》等。

一、典型性与唯一性

从学理层面看，客家历史文化的典型性与唯一性引起世人多维度探秘。物质文明是观察俗民文化核心价值的窗口之一，而粤闽赣边的物质文明中，民居建筑围龙屋是最具标志性的区域文化生态的重要载体之一。从哲学层面看，它集宗祠、神庙、民居于一体，是文化的根，是俗民精神的缩影，是文化核心价值的集中展示区。

从田野考察看，围龙屋结构的民居以粤东北最为集中，其中梅州全域有 10 000多座，历经上千年风雨而保存较完整的还有 4367 座，主要分布在兴宁市、梅县区、梅江区和大埔县等地①。以粤东北为中心区，向周边辐射，外延东至大埔县、北至赣南的定南县；西至龙川县与和平县等，南至丰顺县的马图山区等地，地理空间3.5 万~4.0 万平方公里。而围龙屋的相关文化符号，辐射半径的地理空间为 6 万~8 万平方公里，包括中国的香港、台湾，也包括新加坡、马来西亚等海外客家聚落区。

围龙屋建筑的地理环境与选址，既有山谷、盆地与平原，亦有高山（如丰顺县的马图山区，海拔 1000 多米），其中建筑选址座向，主要根据主人的五行八字，不分东南西北。

围龙屋建构结构，分世俗空间与非世俗空间。前者主要有俗民居室、公共场所及有关设施等②，位于祖公厅后面且相对独立的半月形建筑也是族人用房，俗称围龙间或围屋间③。后者为聚落宗族的宗祠，又曰小宗祠，主要有祖公厅、神堂和"化胎"等。中厅供族人聚集庆典之用，是宗族举办各种礼仪活动的场所。以宗族为中心，子孙分住周围，可收团结凝聚之效，亦可对族人行为起到非正式的社会控制作用（informal social control），有利于增强宗族的凝聚力与培养集体主义精神。

从宗教文化看，神圣空间是指"神灵奉祀空间"。浓厚的宗教意境是围龙屋有

---

① 典型者有宋代的蔡蒙吉故居、朝天围，明代的仁厚温公祠，清代的丰泰堂等。

② 据《史记·循吏列传》："孙叔敖者，……。三月为楚相，施教导民，上下和合，世俗盛美。"其所指应为当时社会的风俗习惯等。《孟子·梁惠王下》："寡人非能好先王之乐也，直好世俗之乐耳。"其所指应为民间一般的好尚。本文之"世俗空间"则由此引申泛指"俗民生活空间"，"非世俗空间"则泛指"神灵奉祀空间"。

③ 族人的世俗空间主要有正间、横屋、围龙间等。

别于其他族群标志性民居建筑的最大特点。而宗教文化分显性与隐性。

显性有血缘与非血缘两个系统。其中以血缘为纽带的神灵系统，即传统宗法制度的祖灵崇拜。祖公厅设有大神龛，是宗祠的核心所在，是宗族的神圣空间，是乡村宗族社会中依据"礼制"举行各种仪礼及执行宗法族规的神圣殿堂①。

而非血缘为纽带的神灵系统是指神仙崇拜，它的结构比较复杂，俗民依崇拜对象及其在神祇世界中的阶级，设置不同的空间。

例如"龙神伯公"崇拜有两个系统：一是本宅龙神伯公，其坛位于祖公厅祖灵神龛下方，神坛为一块"本宅土地龙神位"牌，坛前置放香炉②；二是五行五方龙神伯公，它是围龙屋文化符号之一，其坛位于祖公厅神堂中轴线的化胎护墙中央，由五颗形状不一的石块组成。

观音崇拜，其坛在祖公厅祖灵神龛的左上方③。"仙师"崇拜，其坛④奉建筑祖堂之木匠、泥水匠与风水师⑤。公王崇拜，聚落宗族的祖神信仰往往超出血缘跨出宗族而成为社区各族姓共同祭拜的公王神灵，每年有固定的纪念日，俗民要抬着共同祭拜的神灵偶像绕境巡游。

隐性的神圣空间是指供奉一些不合传统宗法制度的祖灵，如"婆太"祖灵的传说等。从田野考察看，女性的地位在隐性的神圣空间得以凸显。族人会将女性祖灵塑造成祖婆太神，而且将这位宗族神又演变为跨宗族的区域神。

在地方化礼制的神圣空间，女性崇拜的"殿堂"规模之大、文化内涵之丰富令人震撼。围龙屋祖公厅后面龟背形的土包，俗称"化胎"，"化胎"上铺鹅卵石。俗民解释，龟背形之"化胎"内所藏是宗族之"龙"，其"龙气"直透鹅卵石，而鹅卵石则是宗族百子千孙的象征。在"化胎"的外缘，有一石坎。石坎中央嵌有五块形状不一的石块，俗谓"五行五方龙神伯公"。俗谓"龙神伯公"是专管妇人家⑥

---

① 祖坟也是宗族的"神圣空间"之一，但就其功能来说，主要用于祭祀仪礼，其他如婚礼等仪礼均不在此举行。

② 有些围龙屋则立"福德伯公"坛。

③ 经济条件比较好、房舍比较宽裕的家族，在围龙屋内另辟观音棚（或观音堂）。

④ 有些围龙屋的仙师坛则用陶盆代替。

⑤ 木匠、泥水匠与风水师即"廖公仙师神位""曾公仙师神位""杨公仙师神位"。

⑥ "妇人家"为客家方言，即已婚妇女。

的！因而"化胎"又象征宗族女性的腹部。妇女生产时，其本人或家婆要特别给龙神伯公烧香，祈求神灵保佑母子平安。究其原因应是"人类社会是由女娲用黄土团造就"及"对女性生殖崇拜"原始遗俗之一。在地方化礼制的神圣空间，女性风水与男性风水同等重要，其文化暗示，从一个侧面反映了围龙屋文化积淀与俗民的宗教观。缘因围龙屋的"化胎"、五行五方龙神伯公、观音、仙师等文化符号源自古老的寺庙，如建于唐代修于明代的程乡县灵光寺正殿后面就有标准的"化胎"与五行五方龙神伯公等文化符号。

围龙屋文化生态所反映的民俗事像，其特点就是"举头三尺有神灵"。文化空间从一个侧面反映了客家文化的丰富精致性，血缘与非血缘神灵和平共处，充分反映了俗民精神结构的复杂性。宗教与神学的神秘性，从一个侧面反映了围龙屋文化具有初民文化的典型性。这些文化符号都是创建时就规划的，故属原生态文化的积淀。恰恰是这种神秘性、典型性与唯一性、精致性与复杂性，说明原生态的围龙屋建构是一种文化现象，是悠久历史文化积淀所致的。

二、多样性与多面性

客家文化生态在围龙屋居室内外的映像除具典型性与唯一性，而且具多样性与多面性外，它还包括俗民生老病死的祭祀、丧葬、婚育①、饮食、服饰、节庆、女性文化及方言土音等②。

（一）丧葬习俗

墓葬文化在客家文化生态中的映像呈现出典型性与多面性。学界探讨成果值得关注，笔者主要略述两点：

一是丧俗要出谥法，逝者不论男女贵贱，族中均要为其出谥法，不但将谥法上

---

① 婚育习俗主要有大行嫁、童养媳、二婚以及另类冥婚等形式，详见《粤东客家生态与民俗研究》《客家风俗》等，此不赘述。在粤东北传统社会，寡妇并非像人们观念中的那样恪守封建礼教，从一而终。在民间姓氏族谱中可见大量寡妇改嫁的记载。笔者认为这种反礼教现象能在社会上存在，与山区特殊的社会背景导致的性别失调有着一定的关系。

② 详见《粤东客家生态与民俗研究》《客家风俗》等，以及笔者在与劳格文合作的《客家传统社会结构与原动力研究》中，方言学家、民俗学家、历史与社会学家等亦做了大量的研究，并取得了丰硕的成果。由于学界已有大量深度的田野个案，限于篇幅，此不赘述。

墓碑，而且还要上祖堂神龛的神主牌。

丧俗中的"出谥"具有鲜明地方特色。笔者10多年前曾陪同中山大学历史系陈春声、刘志伟、邱捷等多位教授参加了在粤东北梅州为陈胜粦先生举行的安葬仪式。老师们看了陈胜粦先生墓碑后觉得很奇怪很特殊，议论纷纷，咨询"其碑上为什么会有谥法"，余释谓，此间丧俗如此。逝者不论男女贵贱，族中均要为其谥法，将来还要上墓碑及祖牌，因此，陈碑并非特例。

据田野考察，粤东北梅州丧俗中有一个仪式，一群德高望重的宗族领袖围坐在祖堂的八仙桌为逝者商拟褒封一个神名，乡俗谓"出谥"。"出谥"要请族绅或妹家尊长来封。其中逝者如果是男性，由族中有威望的族绅在成服时当众提出；逝者如果是女性，则要有妹家代表参加议谥。"出谥"主要是表彰逝者生前美德"盖棺论定"。其仪式：在祖公厅堂前摆一张桌子，孝家写一张白帖，一面写"请"字，一面写"谢"字，放在茶托内。另包红仪两包，一包"膝仪"，一包"谥仪"，包内要有少许茶叶、槟榔、黄烟等，用红纸写"戚签仪，谥曰××""族签仪，谥曰××"，由戚族双方议好填上①。谥法要上铭旌，要嵌上碑文。男性谥号和名讳写进"神主"牌；女性谥号则和其姓氏写进神主牌。神主牌与墓碑的字数必须合"生、老、病、死、苦"五字中的"生、老"二字。神主牌皆由和尚或礼生制作，然后把牌摆在逝者灵前，以待"点主"②。

二是粤东北地区的坟墓结构与围龙屋同形同构③，从而呈现阴居与阳居形态惊人相似的文化景观。阴居与阳居同形，都源于对"道"的符号模拟。死与生本是截

---

① 谥号有两字者如勤、操，有四字者如创、裕、淳、厚。例如，理事人带孝子捧茶托迎接外家礼生及读哀章的人。礼生接过茶托，到议谥桌前，戚（妹家）族（男家）双方各站一边，听由读哀章的人（都是有文化、有威望的人）说："今天我家叔婆（伯婆）年高寿终，已尽其平生事业，操持家务，为抚育儿女，培养他们成才做出一定成绩，现请妹家（外家）给题两字。"这时外家礼生答："我们的姑婆自入尊家大门，历尽艰辛，辛勤劳动，孝敬长辈，友邻和睦相处，尊敬丈夫，教子有方。我题一个'勤'字。"理事人代表丧家说："我叔婆自入我家寒门，和邻睦族，心地慈善，助人为乐，教子有方，我题一'慈'字。"就这样定出谥法为"勤慈"。男人的谥法多为"刚直""光裕""勇烈"之类，女人多为"柔顺""勤慈"之类。

② 有关粤东梅州民俗的研究成果，学界贡献丰富。参考笔者《围不住的围龙屋：一个客家宗族的复生》（广州：花城出版社，2002）、《围不住的围龙屋：粤东古镇松口的社会变迁》（广州：花城出版社，2002）。

③ 在毗邻的潮汕、闽南等地区虽也有类似坟式，但却未见有对应构式的民居；在江浙地区，坟式是圆形的土堆，亦与地面上的民居形式无法对应；这些都从侧面反映了围龙屋文化的典型性与唯一性。

然不同的人生境界，但俗民以同形同构的符号来揭示这种生死相连的关系，可谓对人生进行了最高的哲学概括①。

（二）民间信仰

民间信仰是观察俗民精神文化的窗口之一。粤东北俗民信仰主要有惭愧祖师、三山国王或公王等。从文化人类学的角度看，文化是会移动的。因此，上举神灵还会随移民迁到新的聚落，其祭祀圈不再限于原乡，所以在南洋（东南亚一带）等海外客家华侨华人中也有着广大信众②。

（三）方言土音

方言土音是区域文化生态的核心价值之一，是具典型性的文化符号。受地理环境影响，其内部形成可通行而不同的腔调③。其中粤东北的客家方言土音包括梅城、松口、大埔、丰顺、五华、兴宁、平远、蕉岭、龙川、河源等地的腔调，主要通行于我国广东、江西、福建、广西、四川、湖南、海南、香港、台湾等地的共 200 多个县（市），在南洋等海外的客家华侨、华裔内部亦有流通，使用人口约 5 000 万。

综上所述，从历史人类学视野看，客家文化核心价值可分为两层，其中底层以具典型性的本土地方特色文化为主，而顶层则以普遍性的王朝文化为主，随着官师互动、王朝文化的推进，逐步叠加在底层的地方文化之上。

诚如黄淑娉、龚佩华所指出的，"一个族群的文化是人们在长期共同生活中形成的，它的形成受物质资料的生产方式制约，也受一定自然条件的影响。族群的文化是多种文化因素构成的统一体或整合系统，而不是若干文化因素的偶然堆积"。

---

① ［清］黄钊《石窟一征》卷 4《礼俗》（台北：台湾学生书局，1970 年影印本，第 198 页）。据对丙村温公祠安龙转火仪式考察，温家报告人说，安附牌很有学问：族人虽未死但可先上神牌，俗称"长生牌"或"禄位牌"，当族人过身（往生）后，即在神牌其名字上贴一张红纸条，条上写上往生者名讳即可。旧时宗族内有强房欺弱房的现象，弱房往往不服输而出钱在附牌多上几条名，即使上一条名要很多钱，他们也愿出，为的就是争口气。这些未死而先上神牌者，若尚未结婚，在其名字下面写上"妻"，反之则书"某氏"。据笔者考察，这种现象不但温姓有，其他各姓的族谱中也很常见，往往是一直单传，到某一世突然有五个、十个、十五个儿子，当然也不排除其特殊性或因某种原因而结成的联盟。附牌的排放分若干级，辈分最高的摆在最上级，反之则摆在最下级。

② 据笔者田野考察，在新加坡、马来西亚、毛里求斯等客家会馆，均见围龙屋文化符号及公王崇拜文化符号。详见《粤东客家生态与民俗研究》《客家民俗》《客家风俗》等，此不赘述。

③ 详见温昌衍《客家方言》（广州：华南理工大学出版社，2006）。

族群的"其中一些比较稳定的文化因素，如生活方式、家庭制度、宗教信仰、历史传统、文学艺术、风俗习惯、行为规范等，表现了一个族群的有代表性的特点，而共同的文化特点最能够表现民族的特色"①。客家文化亦如此。

三、客家文化生态保护管窥

探奥客家历史与文化源流的学理目标，在于探索保护极具典型性与唯一性、多样性与多面性的客家文化生态之策。其理论依据就是客家文化自信。在国家层面倡导建设客家文化生态保护区的当下，检索客家文化的探奥成果，其量与质有待提高！随着工业化、城镇化进程的加快，无论是物质方面的地上建筑、地下考古，还是非物质方面的民俗曲艺或是相关传承人等，都在渐渐离我们远去。

原生态物质文化方面的古典民居、古典村落现状不容乐观。进入 21 世纪，作为"世界客都"的粤东地区，目前保存比较完整的物质方面的地上建筑有古典民居围龙屋 4 367 座、国家级传统古典村落 78 处等。部分景观虽进行保护和维修，并被开发为旅游资源，吸引游客游览②，但随着现代化进程加快，传统古典村落的整体格局逐渐被瓦解。当下仍留居者渐少，俗民祭祀祖先的古典围龙屋神圣殿堂现状不容乐观。如果保护措施不当，客家物质方面的地上建筑估计只能在教科书或博物馆、图书馆才能找到！

原生态非物质文化遗产的现状也不容乐观。以粤东梅州为例③，全域统计四级非物质文化遗产 373 项，其中国家级 7 项④、省级 32 项⑤。非物质文化遗产项目的代表性传承人有 382 位，其中国家级 7 人、省级 38 人。客家文化生态保护区是传统生活方式的延续，对非物质文化遗产的保护必须关注其与周围环境的依存关系。客家文化生态保护区非物质文化遗产的保护，既要高雅化，更要大众化、俗民化。随

---

① 黄淑娉、龚佩华：《文化人类学理论方法研究》（广州：广东高等教育出版社，1996：434）。

② 《梅州日报》2021 年 6 月 13 日第一版"打造'活色生香'客家文化家园"（作者：赖运香）。粤东北比较典型的如梅州市梅江区三角镇的约亭顶公园、七贤居等十余座客家传统建筑绵延近千米，保存完好。此外还有丙村仁厚温公祠、茶阳北塘等。

③ 引自《客家文化（梅州）生态保护区申报书》（2008 年）。

④ 广东汉剧、广东汉乐、梅州客家山歌、丰顺县的埔寨火龙、梅县的蓆狮舞、五华县的木偶戏、兴宁竹板歌等。

⑤ 如梅县松口山歌等。

着现代化进程的加快，非物质文化遗产赖以生存的空间正发生变化，一些依靠口传心授的非遗项目正在消失，近年来先后有近 20 位代表性传承人去世，应引起有关学者重视！

如果说"世界客都"不但是文化生态的核心区域，而且是客家人的精神家园，那么乡音不改的客家话就是客家人最引以为傲的身份认同，但对客家方言土音的流失重视不足。

从国家层面看，建设文化生态保护区的理论依据，就是文化的生态性、文化生态的系统性与文化生态系统的动态性与区域性。而先后在粤东、赣南、闽西设立客家文化生态保护区①，则是提升文化自信的原动力。

守住乡愁的学理目标，就是坚持以人为本，进一步提升客家文化自信，进一步拓宽守望客家文化的研究视野，通过公权机构整合资源，凝聚社会各界协同支持保护的合力，激活其生存空间，是推动物质与非物质文化遗产的整体性保护与传承发展、维护文化生态系统的平衡和完整、实现客家文化活态传承的根本保障。

引玉之石，敬请方家正之。

---

① 粤东梅州市在 20 世纪 90 年代被定位为"世界客都"，2008 年被文化部定位为"客家文化（梅州）生态保护区"，2010 年 12 月 18 日国家文化部正式授予梅州市为"国家级客家文化（梅州）生态保护实验区"，2014 年 2 月 24 日《客家文化（梅州）生态保护区总体规划》在中国文化部专家论证会通过，2017 年文化部正式批准实施《客家文化（梅州）生态保护区总体规划》，客家文化生态保护区的建设工作全面启动。梅州是客家文化生态核心区域，作为客家人精神家园"世界客都"的地位进一步被肯定和认同。而"世界客都""客家文化生态保护区"定位的文化理论基础，就是"厓係客家人"。据 2008 年《客家文化（梅州）生态保护区》申报书。

客家文化陈列展览的策划与反思——以赣南地区客家文化陈列展览为例①

钟庆禄②

摘　要：客家人在海内外建立了数十个客家博物馆，策划布展了一系列的客家文化陈列展览。从江西赣南地区客家文化陈列展览的现状看，客家文化陈列展主要存在同质化、层次较低、文物不足、展览形式单一、文物内涵诠释不足等问题。在策划客家文化陈列展览时，要注意避免同类问题，同时坚持展览主题具有思想性和创意性，内容具有体系性和学术支撑，展览语言艺术化和通俗化，注重展览的互动体验和趣味性等原则。

关键词：客家文化；陈列展览；现状反思；策展原则

"客家"是汉族的一个支系，因其在历史形成过程中，融合了南方少数民族而形成富有特色的族群文化。客家人形成于赣闽交界区，后迁播于五湖四海。全球客家人口约为 6 700 万，江西客家人口约 1 250 万，其中赣南地区 900 万以上。赣南地区十八县（市、区）均为纯客家县，人口 90% 以上为客家人，赣闽粤边区客家文化与周边的赣文化、广府文化、闽南文化差异明显，风土人情迥异。

目前，国内外成立了数十家客家博物馆，主要集中在赣闽粤边区，主要有中国客家博物馆、深圳客家民俗博物馆、江西客家博物院、赣南客家博物馆、龙岩市客家祖地博物馆、上杭县客家族谱博物馆等。中国台湾地区已在六堆及苗栗两地建有

---

①　本文系江西省文化和旅游厅 2021 年江西省文化研究课题（21WW34）的研究成果。

②　作者简介：钟庆禄，1981 年生，男，汉族，江西安远人，江西省赣州市博物馆副研究馆员，研究方向为客家文化研究、博物馆管理。

客家研究前沿

大型客家文化园区，台北市、新北市、桃园县、台中市、台东县也建有不同规模的客家文化园区①。海外主要是东南亚国家建有少量的客家博物馆，如印尼客家博物馆等。2014 年，由广东省博物馆、河南博物院、福建博物院和台北历史博物馆发起成立了"客家文化博物馆联盟"，共有 11 个省超过 40 家博物馆成为联盟成员。客家地区博物馆策划了一系列客家文化陈列展览，全面展示客家人的形成历史、经济文化和民俗风情。本文以江西赣南地区客家文化陈列展览为例，论述客家文化陈列展览存在的问题和展览策划应该注意的问题与原则。

一、赣南地区客家博物馆及其客家文化陈列展览

赣州市因地处江西南部，俗称"赣南"，辖十八个县（市区），共成立了赣南客家博物馆、江西客家博物院、赣州市客家民俗博物馆、赣南客家文化博物馆、龙南县博物馆（赣南围屋博物馆）等 5 家客家博物馆。赣南客家博物馆（赣州市博物馆），国家一级博物馆，位于章贡区，拥有新、老两座博物馆，占地约 90 亩，建筑面积 5 万余平方米，收藏有历史文物、革命文物、动植矿物标本 2 万余件（套），以书画、瓷器和客家民俗文物见长。江西客家博物院位于赣县区，国家二级博物馆，收藏有各类文物 1.2 万余件（套），其中客家民俗文物 6 478 件（套）。赣州市客家民俗博物馆是一座非国有高校客家博物馆，由赣南师范大学美术学院教授陶晓俊创办，收藏有客家民俗文物 2.2 万余件（套）。该馆依托赣南师范大学客家研究力量，开展了大量客家文化研究工作和研究人才培养工作，富有特色。赣南客家文化博物馆位于赣州市章贡区老城区，利用古建筑魏家大院陈展客家文化与风俗②。龙南县博物馆（赣南围屋博物馆），是以赣南客家围屋为主题、全面展示客家围屋、传统文化和客家民俗风情的专题博物馆。当前，赣南地区共有正式备案博物馆 22 家，除了上述客家博物馆外，其他博物馆的陈列展览内容均有客家文化的展示。比如，上犹县博物馆基本陈列《犹江风物》，以"上犹历史"和"客家文化"作为展示内容。此外，还有许多利用古建筑展示客家民俗文化的专题陈列。

赣南地区现有客家文化陈列展览主要有：赣南客家博物馆基本陈列《客家摇篮

---

① 钟丰秀：《台北县客家文化园区营运策略之研究》，台北：台湾师范大学，2009 年。

② 2019 年 12 月对外开放，江西省文化和旅游厅尚未正式批准备案。

12

赣州——赣州古代历史文化基本陈列》，展览面积 2 300 平方米，分为"客家源流篇"和"经济文化篇"，全面展示了赣南客家人的生存环境、迁徙历史、族群形成、生存方式、经济文化和民情风俗，共展出 700 余件（套）文物。江西客家博物院常设"耕读传家 崇文重教——赣南客家私塾文化""走进赣南客家——客家人的一生"两个专题展览，展示客家私塾文化和客家民俗文化。2020 年江西省旅游发展大会期间展出"赣南客家非遗展"，专题展示赣南客家非物质文化遗产和民俗风情。赣州市客家民俗博物馆基本陈列"客家民俗文物展"分客家建筑装饰、客家牌匾、客家银器饰品、客家服饰、客家生活用具五大类，共展出了 1 200 余件（套）客家民俗文物。赣南围屋博物馆基本陈列分设历史厅、围屋厅、技艺厅、民俗厅四个部分，展示赣南围屋和龙南县客家历史文化。赣南客家文化博物馆基本陈列"赣南客家文化展"，综合展示客家历史源流、宗族社会、民间文艺、客家名人、民俗风情和客家精神。南康区家居小镇九井十八厅客家文化馆陈列展览展示了客家人的农耕文化、人生礼仪、生产习俗等民俗文化。全南县雅溪土围客家民俗展览、农耕文化展览及定南县黄沙口下桥围村史馆客家文化展览等均展示了客家农耕文化和民俗文化。为筹办 2023 年举办的第 32 届世界客属恳亲大会，龙南县正在关西围景区推进客家民俗文化展览、客家围屋技艺展览、世界客属恳亲大会主题展览、客家非物质文化遗产展览等专题展览。

二、客家文化陈列展览存在的问题

近些年，赣南地区博物馆建设取得了长足发展，许多博物馆都修建了新馆，并推出了一批客家文化陈列展览，为宣传、研究、弘扬、传承客家传统文化提供了平台。但目前还存在诸多不足之处，需进一步提升展览水平。

（一）陈展内容同质化

从国内外数十座客家博物馆的名称可知大部分是客家民俗博物馆，其展览内容自然以客家民俗文化为中心，同质化比较严重，赣南地区也不例外。江西客家博物院的"走进赣南客家——客家人的一生""赣南客家非遗展"，赣州市客家民俗博物馆的"客家民俗文物展"，南康区家居小镇九井十八厅客家文化馆客家民俗陈列展，全南县雅溪土围客家民俗文化陈列，龙南县正在推进的西昌围客家民俗文化展览等均属客家民俗文化展览。客家民俗是客家文化区别于其他族群文化最直观的文化事象，包括衣食住行、人生礼仪、岁时节庆、生产习俗等，是客家文化展览重点展示的核心内容。但由于管理制度和专业人才缺乏等多种原因，策划展览时一般交由陈展中标公司负责内容设计和编写陈展大纲，基本缺乏精细的策划，往往按照民俗学学科体系来进行内容设计，扁平的并列式结构看似展示的内容丰富，却由此陷入同质化泥潭——雷同的主题、相同的话题、浅层次的表达，导致特色模糊，观众印象不深，无法真正展示客家文化的精髓，甚至对博物馆的特色收藏等工作均产生连锁反应的影响。比如，客家人的衣食住行富有特色，赣南当前仅有"赣南围屋"民居建筑专题展览，尚未有客家服饰、客家饮食专题陈列。福建上杭客家族谱博物馆、江西南康道教文化博物馆的经验值得借鉴。福建上杭客家族谱博物馆以客家人崇宗敬祖习俗为切入点，开展客家族谱收藏与展示，现收藏有 143 个姓氏 2 900 多部 2 万多册客家族谱，同时收藏地方文献和民俗器物，为客家乡亲族谱查阅、寻根探源、学术研究与交流建立了一个良好的平台。江西南康道教博物馆以赣南地区道教及民间信仰文物为收藏、展示特色，现有数千件（套）相关文物和一个道教文化展览。此三馆通过特色收藏，并基于藏品策划客家文化陈列展览，使收藏和展示走上了一条富有特色的差异化发展之路。

（二）"文物不够景来凑"

客家人是迁居南方的后来者，在发生于 19 世纪的广东土客大械斗中，同为汉族的广府人被称作"土著"，可知客家人迁居南方的历史比较短，相关的历史文物比较少。从目前客家博物馆藏品可知，一般以民俗文物居多。赣南山多地少，经济不发达，基本没有大型墓葬，相关出土文物少、等次不高，加之博物馆收藏起步晚、文物征集经费困难、专业人才缺乏、文物征集管理制度不灵活等，一般馆藏藏品普遍不丰富，特别是县级博物馆藏品严重不足，有 1000 件（套）以上文物收藏的博物馆不多，且难成系列。除赣南客家博物馆"赣客摇篮赣州"和赣州市客家民俗博物馆"客家民俗文物展"分别展出 700 件（套）、1200 件（套）外，其他展览均存在"文物不够景来凑"的现象。虽然展示文物的数量不能决定展览水平的高低，如2019 年全国博物馆"十大精品展览"苏州博物馆"画屏：传统与未来"，以及南京博物院"温婉——中国古代女性文物大展"均不以展示文物数量取胜。但是藏品和展品的数量将直接影响展览的策划和展示方式，间接影响展陈效果。文物是博物馆叙事的主角，展品不足只能采用辅助手段来弥补，但场景过多会常造成形式大于内容。

（三）展陈形式单一

博物馆展览的展陈形式多种多样，针对不同的展览主题可选择不同的陈展方式，可借助雕塑、绘画、模型、场景、多媒体、半景画、全景画、虚拟技术VR/AR、3D全息投影等辅助陈展手段。在客家民俗文化展览中，经常使用图片加展品或复原陈列的表现方式。实际上，客家民俗丰富多彩，大量被列入非物质文化遗产。截至2018年，赣南客家地区共有国家级非物质文化遗产10项、省级非物质文化遗产108项、市级非物质文化遗产165项、县级非物质文化遗产556项。非物质文物遗产的表现方式应该是丰富多样的，比如传统戏剧赣南采茶戏、传统音乐兴国山歌、传统舞蹈定南瑞狮等尽可能采用现代技术手段，做到可听、可观、可赏，还原传统表演艺术的动态过程，使观众充分领略客家文化的内涵和艺术魅力。

（四）文物诠释不足

习近平总书记强调"让收藏在博物馆里的文物，陈列在广阔大地上的遗产，书写在古籍里的文字都活起来。"文物承载了大量的时代信息，对文物的文化内涵与价值深入研究，进行充分的诠释，是让文物"活起来"的关键。而目前赣南各博物馆专业人才缺乏，许多文物尚未得到深入研究，文化内涵没有被充分诠释，导致与观众"过少交流"。并且赣南现仅有个别博物馆开始了智慧化博物馆建设，文物诠释与智慧化结合不足，使得展览显得不亲民。让文物"活起来"，是让观众感受到赣南地域风情，增进客家文化认同，坚定文化自信的重要途径。让观众看得懂，甚至喜欢上客家文化展览和客家博物馆，应当作为客家博物馆努力追求的目标。

三、客家文化陈列展览的策展原则

博物馆承载着一方水土的历史文化记忆，是一座城市的文化窗口和精神殿堂。成功的展览一般具有较高的思想性、欣赏性、趣味性，传播正能量，能够使观众在观展后有所收获，或思想上的启迪，或认知上的更新，或身心的愉悦与放松……客家文化陈列展览在策展时，也应当遵循以下原则。

（一）展览主题要有思想性和创意性

客家人的历史是一部迁徙史和奋斗史，他们好像永不停歇脚步，从古至今，由北到南，从国内到海外，给人以"永远在路上"迁徙、抗争、发展的族群意象①。在长期的迁徙与发展历程中，客家人形成了崇文重教、艰苦奋斗、团结进取、爱国爱乡的族群性格和气质。客家研究先驱罗香林先生在《客家源流导论》中，开篇即评价客家为"富有新兴气象，特殊精神，极其活跃有为的民系"②。日本有学者则认为"客家人是中国最优秀的汉民族，有自信自傲的气质，爱国心很强，在中国近代史上，没有一次政治变动是与客家人无关的。"不管这些评价是否过誉，但客家人身上具有艰苦奋斗的精神品格和家国情怀是不可置疑的。

客家文化陈列展览涉及客家地域社会的方方面面，不论是作为地方通史的基本陈列，还是侧重展示客家文化某一领域的专题陈列；无论是从文物的角度、考古的视角、艺术的审美，还是与专家/观众的对话切入展览，在策展时，均需要综合思考一个积极向上、传递正能量且具有一定思想性，又符合客家人精神气质和实际情况的展览主题。一个好的展览主题，能够反映时代特色与主旋律，如"江西在前进——江西解放60周年社会主义建设成就展览"赋予了江西崛起的主题，"共和国从这里走来——中华苏维埃共和国历史陈列"展示了共和国在瑞金孕育和诞生的主题，"贞干表微——深圳博物馆馆藏牌匾精品展"分"堂第匾""功名匾""祝寿匾""颂扬匾"四个单元，贯穿了客家人重视耕读、文风鼎盛、自强不息、奋发向上的精神主题③。

同时，展览主题还需富有创意。当前文博界较为普遍存在同质化的问题——"千馆一面"。策划客家文化主题展览时，应尽量避免同质化，彰显客家文化特色，可以侧重于客家文化某一领域，提炼主题，策划兼具思想性、学术性、通俗性、知识性与趣味性的展览。以杭州中国丝绸博物馆为例，该馆围绕"丝绸之路上的丝绸"策划了"丝路之绸"系列展览："丝路之绸——起源、传播与交流""锦绣世界——世界丝绸文物""古道新知——丝绸之路文化遗产科技成果展""神机妙算——世界织机与织造艺术""丝路岁月——大时代下的小故事""众望同归——丝绸之路的前世今生""一花一世界——丝绸之路上的互学互鉴"等特别展览，对客家

---

① 周建新：《在路上：客家人的族群意象与文化建构》，《思想战线》，2007年第3期。

② 罗香林：《客家源流导论》，《兴宁文史》，第27辑，第1页。

③ 蔡惠尧：《深圳客家文化遗产保护刍议——以深圳博物馆为中心的讨论》，《客家文博》，2015年，第1期。

文化陈列展览非常具有启示性。

（二）展览内容要有体系性和学术性

博物馆具有收藏、研究、展示、教育四大功能，其中展示、教育是建立在收藏与研究基础之上的。在策展时，要高度重视内容设计环节，即陈展大纲的编制工作。展览策划包含内容设计和形式设计，内容设计是形式设计的基础和依据，其质量直接决定了展览水平。因此，对陈列展览大纲撰写人的要求很高，不仅要求其对当地历史文化有深入的了解和研究，并且能够非常熟悉博物馆藏品和当地不可移动文物的基本情况，以及地域文化与民情风俗。应当尽可能由本馆专业人员或当地历史文化研究专家来负责撰写陈展大纲，以避免由中标公司代为编制陈展大纲导致的模板化、公式化和套路化。

客家是一个非常具有特色的族群，客家文化陈列展览涉及客家地域社会的形成历史、经济社会、语言文教、民居建筑、饮食服饰、民间文艺、民间信仰、内在精神，以及客家与少数民族的关系、客家与中央苏区的关系等众多领域。故大纲编写时，首先，要注意展示内容的体系性，注意内容体系是否完整、结构是否合理、逻辑是否清晰。其次，要注重学术研究对整个展览的支撑作用。对客家源流、出土文物、民俗风情进行深入研究，特别是要深挖相关文物和展品的重要信息、文化内涵和价值，使展览能够彰显地方文化特色、传播知识和熏陶情感。最后，要围绕展览内容策划开展一系列寓教于乐的社教活动，阐释展览内容，普及相关知识。

（三）展览语言要有艺术性和通俗性

博物馆陈列展览要面向年龄阶段、文化背景、受教育程度、兴趣爱好和观展目的各不相同的观众，加上陈列展览自身特点与规律，以及快节奏的时代，要求陈列展览简明易懂，无须观众储备大量的专业知识。因此，陈列展览的语言一定要通俗易懂且具艺术性。总的来说，展标一定要吸引人，能让观众第一眼即产生兴趣；序言要精准诠释展览主题和艺术性地概括主要内容，以不超过300字为佳；标题要简明扼要、高度凝练，同样要有艺术性；导语要出彩，以部分导语250字以内、单元导语150字以内、组导语100字以内为宜；说明要以真实传递展品信息为原则，等等。

以展标为例，展标一般包含两个部分，前半部分常常使用文学色彩浓郁的语言，做艺术性概括，后半部分则以平实、客观的描述性语言揭示展览的主题。比如，

2017～2019 年全国博物馆十大精品展览：中国文物交流中心"大美亚细亚——亚洲文明展"（2019）、贵州省博物馆"多彩贵州——民族文化陈列"（2019）、深圳博物馆"大潮起珠江——广东改革开放 40 周年展览"（2018）、安徽博物院"向往——'我'与安徽改革开放四十年"（2018）、内蒙古博物院"天骄蒙古——蒙古族历史文化陈列"（2018）、杭州工艺美术博物馆"明月入怀——中国团扇文化印象展"（2017）、河南博物院和洛阳博物馆联合举办"谁调清管度新声——丝绸之路音乐文物展"（2017）、广东省博物馆"大海道——'南海Ⅰ号'沉船与南宋海贸"（2019 优胜奖）、四川广汉三星堆博物馆"三星堆：人与神的世界——四川古蜀文明特展"（2019 优胜奖）、首都博物馆"美好中华——近二十年考古成果展"（2017 优胜奖）等，既体现了积极昂扬的时代主题，又极具文学色彩，容易引起情感上的共鸣，非常吸引观众的眼球。

（四）注重展览的体验性和趣味性

博物馆具有一定的教育功能，"走进博物馆"获取知识或经历体验成为一种时尚，但观展仅是一种非正式的教育，这决定了博物馆的教育功能应当是以一种"寓教于乐"的方式。因此，博物馆陈列展览不能过分注重学术性，而应多注重互动性和趣味性，以提升展览的吸引力。客家文化陈列展览通常面临文物不足的困境，同时有些文物展品受限于文物本身的特性，无法有效传播展览信息，如工艺技术的展示等，需要运用较多的辅助展品，可以使用场景、雕塑、油画、照片、沙盘、幻影成像、3D 成像、VR 体验等来补充展示。这为陈展方式的多样化、辅助展品的通俗性与艺术性带来便利，能很好地增强展览的体验性和趣味性。辅助展品的设计制作需坚持以传播为核心，与展览主题相一致的原则，不宜过多，忌喧宾夺主。

客家人遍布全球，主要集中于赣闽粤边区、台湾及东南亚等地，他们建立了众多的客家博物馆和策划布展了一系列的客家文化陈列展览。从江西赣南地区客家文化陈列展览的现状看，客家文化陈列展主要存在同质化、层次较低、文物不足、展览形式单一、文物内涵诠释不足等问题。在将来策划客家文化陈列展览时，首先要注意避免此类问题，同时坚持展览主题具有一定的思想性和创意性，能够反映客家人的历史文化和内在精神；展览内容既具有体系性，又要有学术性，传播文化知识和正能量；展览语言艺术化和通俗化，使观众能轻松愉快地观展；注重展览的互动体验，增加趣味性，提升展览的吸引力。

文化生态视野下的非遗保护——
以客家文化（赣南）生态保护实验区为例

温建宁①

摘　要：作为非遗保护的重要手段和策略，文化生态保护区的设立对于推动非遗的整体性保护和传承发展、维护文化生态系统的平衡和完整、建设中华民族共有精神家园、促进经济社会全面协调和可持续发展，都具有重要意义。但在实际建设、探索过程中，存在着人才短缺、法规不全等诸多问题。本文以客家文化（赣南）生态保护实验区为例，从文化生态视野对非遗的保护问题进行思考，并提出具有针对性和实际操作性的措施。

关键词：非物质文化遗产；文化生态；保护研究

一、理论探索与我国文化生态保护区的设立

1. "文化生态"理论

1866 年德国自然博物学家恩斯特·海克尔（Ernst Haeckel）提出的现代意义上的"生态学"概念。1955 年，美国文化进化论学者斯图尔德（Julian H. Steward）在他出版的《文化变迁理论》中，首次将生态学原理引入文化研究中，发现了文化与环境因果关系并系统论证了其对于人类社会组织的作用、类型与意义，具有重要的实际指导意义。1971 年，乔治·亨利·里维埃、雨果·戴瓦兰提出了"生态博物馆"的概念，其内涵与传统意义上的博物馆截然不同。生态博物馆为文化遗产应该被原状地保存和保护在其所属的社区及环境之中。所以，生态博物馆不是一个建筑、

---

① 作者简介：温建宁，男，副研究馆员，就职于赣州市非物质文化遗研究保护中心。

一间房而是一个社区。它所保护和传播的不仅仅是文化遗产，还包括自然遗产。

20 世纪 90 年代，对文化生态进行保护的理论逐渐传入我国。1998 年，方李莉对"文化生态"的意义给予了阐发："人类所创造的每一种文化都是一个动态的生命体，各种文化聚集在一起，形成各种不同的文化群落、文化圈、甚至类似食物链的文化链。它们互相关联成一张动态的生命之网，其作为人类文化整体的有机组成部分，都具有自身的价值，为维护整个人类文化的完整性而发挥着自己的作用。[①]"其基本含义就是把人类文化本身看作一个生态系统（当然是一个类比于自然生态的系统）。孙兆刚把文化体系看作生态系统一样的有机体，针对人类的文化生态系统严重失衡的危机，论述了建立民族文化生态保护区的必要性[②]。2004 年我国著名学者刘魁立在《非物质文化遗产及其保护的整体性原则》一文中提出保护文化遗产不是对一个个"文化碎片"或"文化孤岛"的"圈护"，而是对文化全局的关注，不但要保护文化遗产自身及其有形外观，还要注意它们所依赖的结构性环境。2007年，刘魁立针对建设文化生态保护区问题率先从学理角度进行较全面讨论。他在《文化生态保护区问题刍议》一文中，对文化生态保护区的内涵和建设原则等提出了自己的看法。近十几年来，相关实践研究迅速增多，文化生态学研究意义日益突显，为我们的"文化生态建设"奠定了理论基础。

2. 我国文化生态保护区的设立

2000 年 2 月 12 日，原文化部、国家民委《关于进一步加强少数民族文化工作的意见》中就指出"对传统文化生态保存比较完整的地区，要建立民族文化生态保护区。"

2004 年 4 月 8 日，文化部、财政部发《关于实施中国民族民间文化保护工程的通知》及《中国民族民间文化保护工程实施方案》，该实施方案指出"在民族民间文化形态保存较完整并具有特殊价值、特色鲜明的民族聚集村落和特定区域，分级建立文化生态保护区。"

这些文件都突出对民族文化遗产保护，提出建立民族文化生态保护区，保持、维护自然和文化生态系统的完整性。

---

① 方李莉：《文化生态失衡问题的提出》，《北京大学学报》，2001 年第 3 期。
② 孙兆刚：《论文化生态系统》，《系统辨证学学报》，2003 年第 3 期。

2006 年 9 月 14 日《国家"十一五"时期文化发展规划纲要》提出在"十一五"期间（2006—2010 年）"确定 10 个国家级民族民间文化生态保护区"的任务，并对保护区实施整体性保护。这是国家最高层面首次明确批准设立"国家级民族民间文化生态保护区"及其目标任务。

2010 年 2 月 10 日《文化部关于加强国家级文化生态保护区建设的指导意见》（文非遗发［2010］7 号），提出："国家级文化生态保护区是指以保护非物质文化遗产为核心，对历史文化积淀丰厚、存续状态良好，具有重要价值和鲜明特色的文化形态进行整体性保护，并经文化部批准设立的特定区域。"

2011 年 6 月 1 日正式实施的《中华人民共和国非物质文化遗产法》第二十六条规定："对非物质文化遗产代表性项目集中、特色鲜明、形式和内涵保持完整的特定区域……实行区域性整体保护。"由此生态保护区建设上升到法律层面。

我国对非物质文化遗产文化生态保护是受西方保护经验的启发，经历了从活态博物馆，到生态博物馆，到建立民族文化生态村，再到建立国家级文化生态区的过程。从 1998 年 10 月中国第一座生态博物馆——梭嘎苗族生态博物馆开馆，到 2007 年 6 月 9 日我国第一个国家级文化生态保护区——闽南文化生态保护实验区诞生，标志着我国文化生态保护完成从实施生态博物馆工程到建设国家级文化生态保护区的转变。迄今为止，全国共有 23 个国家级文化生态保护（实验）区。

二、客家文化（赣南）生态保护实验区①建设实践

1. 实验区的基本概况

客家文化（赣南）生态实验保护区范围覆盖赣州市全境，位于江西省南部，又称赣南，与广东、福建、湖南交界，辖 3 区 2 市 13 县及蓉江新区、3 个国家级经济技术开发区、1 个综合保税区、1 个国家级高新技术产业开发区，面积为 3.94 万平方公里，人口 981 万，分别占全省的 1/4 和 1/5。赣州是中国优秀旅游城市、国家历史文化名城、国家园林城市、全国文明城市和国家森林城市，旅游资源丰富，产品独具特色，被誉为"红色故都""江南宋城""客家摇篮""生态家园"。

---

① 其中，客家文化（赣南）生态保护实验区于 2013 年获批设立，是我国第 15 个获批设立的国家级文化生态保护区。

2013 年 1 月，原文化部批准设立赣州市为国家级"客家文化（赣南）生态保护实验区"，2017 年 1 月组织编制并实施了《客家文化（赣南）生态保护实验区总体规划》。目前，赣州市拥有国家级非遗代表性项目 13 项，省级非遗代表性项目 108 项，市级非遗代表性项目 327 项，县级非遗代表性项目 987 项；获评国家级非遗代表性传承人 8 人，省级非遗代表性传承人 100 人，市级非遗代表性传承人 309 人。各级革命类文物保护单位 389 处 472 个点，其中革命类国保单位 12 处 67 个点，革命类省保单位 113 处 140 个点，革命类市保单位 30 处 31 个点，革命类县保单位 234 处。409 处革命文物列入江西省第一批不可移动革命文物名录。

2. 具体做法和成效

（1）突出非遗资源调查普及，非遗传承根基更牢固。

一是深入挖掘调查，完善名录体系。2013 年以来，赣州市共开展各类田野调查 1 183 次，组织座谈会 518 次，走访非遗传承人 3 001 人次，重点调查了 1 904 个非遗项目，挖掘筛选了 1 125 个非遗项目，出版了《客家民歌新曲》《上犹客家门匾故事》《客家神韵——赣州市非物质文化遗产集粹》《于都唢呐与唢呐公婆吹曲牌集成》《兴国山歌进校园》等系列成果。

二是加强项目宣传，扩大客家文化影响。中央电视台、江西卫视等媒体对赣州市定南瑞狮、赣南客家擂茶制作技艺等非遗项目进行了拍摄录制和宣传报道。2019 年中华人民共和国成立 70 周年，省级非遗项目定南瑞狮作为赣南客家舞狮艺术的典范，赴京参加了天安门广场国庆 70 周年联欢活动表演，成为全国 9 个、江西唯一的地方民俗进京表演项目。"三节龙""石上桥梆灯""宁都道情"等非遗项目在 2019 中央电视台春节联欢晚会井冈山分会场上大放异彩。赣南采茶戏、客家山歌多次走出国门，唱响海外。赣南采茶戏 2018 年参加新加坡茶阳（大埔）会馆成立 160 周年庆典演出，2019 年赴希腊、保加利亚、韩国、日本等国参加江西文化旅游推介演出；省级非遗项目龙南山歌分别于 2018 年、2019 年参加马来西亚沙巴客家文化节、"一带一路"中泰文化艺术节交流活动；瑞金民歌 2019 年参加马来西亚"世界客属恳亲会"。

三是开展丰富活动，非遗融入百姓生活。依托"文化和自然遗产日"、传统节日、各类文化旅游节，举办了丰富多彩的非遗展演展示活动。2016 年以来，赣州市连续五年举办"文化惠民周"系列非遗展示活动，受惠群众 100 万余人。赣县区从

2010年至今连续举办樱花节，期间组织采茶戏、花灯、麒麟狮象灯、黄元米果、食贡等非遗项目在樱花公园展演、展示；龙南县以旅游文化节为平台，把太平堡龙船会、赣南围屋营造技艺、杨村米酒酿造技艺等一批优秀非遗项目展示在世人眼前，让非遗在千家万户的日常生活中得到传承。同时，开展非遗售卖活动，使非遗融入日常生活。2020年5~6月组织的非遗宣传月，12月的非遗购物节，通过直播带货、非遗集市集中展示展销等形式，活动期间线上线下交易总额超1000万元。

（2）突出"精神家园"的建造，非遗传承更有活力。

一是培育特色文化，打造文化品牌。根据我市历史文化资源禀赋和客家文化资源分布特点，挖掘客家饮食文化、服饰文化、民俗文化、农耕文化，唱响"客家摇篮"品牌。国家级非遗项目兴国山歌曾是战斗的号角，一首《苏区干部好作风》传唱至今，为传承好兴国山歌这一独特文化瑰宝，兴国县从2009年开始连续举办了11届"山歌艺术节"，2009年被授予全国首届"群文品牌"，2010年被文化部（现为文化和旅游部）评为第十五届"群星奖"项目奖。兴国山歌多次赴京演出。国家级非遗项目石城灯彩享誉全国，为让石城灯彩得到有效保护、良好传承和合理开发，石城县成立了灯彩协会，建立了石城灯彩网络组织和重点保护制度，每两年举行一届石城灯彩艺术节。

二是建设传习场所，留住客家乡愁。将与人民群众生产生活息息相关的赣南民间风情和民俗文化保护起来、弘扬开来，在乡村旅游点、人群聚集区建设采茶戏、客家山歌、客家传统工艺等传习所。比如，安远县九龙山采茶戏通过传习场所，采茶戏已扎根民间，唱采茶歌、跳采茶舞、演采茶戏成为遍布安远城乡的社会时尚，安远县实施采茶戏传承振兴计划的经验，2016年被文化部（现为文化和旅游部）列为全国推广案例。上犹县建设园村客家门匾传习中心，通过客家门匾文化的挖掘，展现浓厚的客家记忆和乡愁。全市统一规划已建、在建非遗项目传习所（点）167所，县级非遗展示馆14个。

三是坚持整体保护，创建非遗小镇。坚持"整体保护"理念，创建非遗小镇，既保护非遗，也保护孕育发展非遗的人文环境和自然环境，让古村美起来。同时，深挖非遗内涵，导入创意设计，使具有本土特色的非遗传下去、活起来、火起来。比如全南雅溪古村，村内保留了众多历史文化遗存，为守住历史遗产，留下乡愁，坚持在保护中开发，不拆房、不填塘、不砍树、修旧如旧、建新如旧。在这里，片石砖木都能化腐朽为神奇。20 世纪八九十年代建的砖泥房，经过风貌改造、内部修缮、新功能植入和景观环境布置后，建成了全南县首个客家民俗文化综合展示馆、二十四节气展示馆、客家擂茶馆、客家磨斋坊、客家豆腐坊、客家米酒坊以及农耕文化展示厅。结合生态农业观光、农家乐、民宿等业态，真正做到文物的活化利用，文化遗产的活化传承。目前，赣州市已公布了 10 个颇具特色的非遗小镇名单。

（3）突出"常创常新，常抓常新"，非遗传承更具生命力。

一是推进"非遗＋旅游"。充分利用当地优势特色非遗资源，加强非遗项目与旅游产业的融合发展，既增强了非遗传承的内在生命力，又提升了旅游经济的核心竞争力。上犹县抓住"一杯茶"文化旅游名片，将上犹绿茶制作技艺、上犹红茶制作技艺等非遗项目融入当地旅游活动中，积极打造茶叶采摘、制作、品鉴的茶旅体验品牌项目。绿色茶园、传统文化带动了园村旅游业发展，目前该村共有近百户农户开办了具有餐饮和住宿功能的民宿。全南雅溪古村融合客家文化、阳明文化、非遗及各种旅游要素，进一步丰富了旅游业态，2020 年度接待旅游者总数达到 144.16 万人次，旅游总收入达到 2.883 2 亿元。

一是"非遗＋精准扶贫"。始终坚持引导群众广泛参与非遗生产性保护，推动优秀传统文化的创造性转换和创新性发展，推进非遗产业发展，助力文化扶贫。大余县已建成 11 个"文化＋旅游""文化＋电商"中心示范点，分布在 11 个乡镇，每一个示范点都充分结合本乡镇文化特色，进一步推动了非遗的活态传承。例如，新城镇周屋村通过培训从事芋荷和良生烫皮生产的农户达 70 户，年收入最高达 13 万元，最低也能有 2 万元；南安板鸭有限公司通过构建"企业＋基地＋贫困户"脱贫模式，带动 129 户贫困户增收致富；与全南县 86 户建档立卡贫困户签订养殖合同，贫困户年均增收 1.5 万元，92 户精准贫困户从中直接或间接受益。

三是推进"非遗＋生产性保护"。为破解非遗项目后继乏人的困局，赣州市大力推行非遗生产性保护工程，采取保护核心技艺、完善相关产品和刺激市场需求等方式，对非遗项目进行合理开发利用，不仅赢得了良好的经济效益，更获得了年轻人青睐。比如，会昌县藤器制作是一门传承了上百年的传统手工艺，却因藤器样式单调古老而渐渐被市场冷落，走向淘汰的边缘。近年来，通过"协会＋公司＋基地＋编织户"的经营模式，藤器产业得到发展壮大，会昌藤器制作技艺实现从无人从事到拥有 2000 多名技法娴熟的藤艺编织民间艺人。

3. 问题和困境

（1）局部文化生态发生变迁，环境不优。

一是城镇化带来农村人口结构的变化和农业生产环境的减少。大量的农村客家人，特别是青壮年涌入城市，改变了农村原有的人口结构。一方面，在城市中的客家人因缺失社会关系和传承环境，使得传统文化的传承动力下降；另一方面，因青壮年的流失和人口的减少，农村地区的客家传统也因后继无人和受众减少而出现传承链断裂的危险境地。同时，现代赣南城镇化的加速建设正吞食周边大量的山地农田，使客家文化的重要载体——客家围龙屋及传统村落逐渐消失。

二是现代化工业生产对生态的破坏以及对传统手工艺市场的挤压。赣南客家文化的一个重要特点就是山、水、人及生物多样性的和谐统一。但随着人类活动，特别是具有污染性的工业化生产和矿产资源开发的增多，威胁客家围龙屋等多种物质文化遗产的保护和客家人传统的生存环境。例如，水上住客减少，水上客家习俗受到影响，传统的农业知识与生活方式也受到冲击，长期不合理的采伐带来生物多样性锐减，人与自然和谐受到威胁等。另一方面，随着工业化程度的深入，机械化、自动化设备进入农业生产领域，改变了传统农业耕作模式，使得南康天车（水车）制作技艺等传统制作工艺面临被淘汰的境地。工业化大规模生产的商品也强烈挤占了传统手工艺的生存空间，使传承动力不足，直接影响了传统美术、传统技艺类非遗的传承延续。

三是外来文化冲击和观念的改变深刻影响着客家传统文化生存的社会基础。现代传媒的便携性，使得城市文化、现代观念正迅速猛烈地向农村地区传播，改变着客家人的传统观念，挑战着客家传统文化的生存氛围。快餐式的现代娱乐文化传播，抢夺了传统的文化受众，极大地挑战了传统文化的生存基础；原本客家人以宗族为单位，四世同堂的传统围龙屋、九井十八厅的聚居方式面临土崩瓦解之虞，影响到相关传统文化的传承发展。现代社会的时尚文化也影响着客家人的日常生活理念，使得传统服饰文化难以为继。

（2）体制机制还不健全，保障乏力。

一是协同机制不完善。文化生态保护区中，文化遗产、自然生态与环境等与非物质文化遗产相依相存，保护工作涉及住建、教育、自然资源、环境保护等不同部门。目前，客家文化（赣南）生态保护实验区具体工作由赣州市非物质文化遗产研究保护中心承担。该中心是文化主管部门下属单位，无法有效调动相关部门资源，难以做到与各部门协同一致。而各县（市、区）目前没有独立建制的保护中心，工作任务更难协调。

二是各地政府主体责任落实不到位。客家文化（赣南）生态保护实验区涵盖赣州全域，责任主体是各级政府，就目前客家文化（赣南）生态保护实验区而言，出现"上头热，下头冷"现象。市级积极推动，多数县（市、区）工作被动接受，市级工作压力较大，而且各地之间差距明显，发展不平衡。

三是人员、经费缺乏。该中心现有从事非遗保护工作人员仅60人左右，且大多数为兼职，无法满足工作需要。多数传承人年龄较大，体弱多病，开展传承活动精力有限，不少传承人面临无弟子或弟子太少的尴尬境地。赣州属罗霄山脉集中连片贫困地区，经济欠发达，各级财政支付能力有限，客家传统文化遗产专项保护资金不足的困难普遍存在。各级财政对客家传统文化保护的专项资金与现实保护所需资金差距较大，致使对客家传统文化的保护出现捉襟见肘的情况。

（3）保护理念存误区，守正创新难把握。

一是过分强调传统导致部分非遗传承发展乏力。一些非遗发源地传统文化积淀深厚，传统观念根深蒂固，容易导致观念保守或思维固化，阻碍创新。在部分非遗项目的固化观念影响下，难以经受现代媒介文化传播与工业化生产市场影响，导致受众减少、市场竞争力不足，造成非物质文化遗产传承发展动力下降。赣南属边远贫困地区，拥有大量蕴含经济价值非遗资源，却没有得到很好地合理利用，广大群众没能利用良好的资源脱贫致富，特别是一些传承人，空有一身好手艺而不会施展。

二是过度商业化剥蚀非遗文化基因。在合理利用非遗资源的同时，一些地方、个人打着"保护"的旗帜对非遗项目盲目、过度商业性开发。一些景区将民俗表演类非遗搬上舞台，为迎合游客口味对非遗项目进行大肆改编、嫁接，以流行甚至低俗吸引游客，非遗精髓尽失。弱化甚至异化了其传统文化内涵，对传统文化、技艺的粗野及过度开发方式破坏了濒危文化资源。

三是非遗保护与国家重大战略结合不够。实践证明，一个项目、一个传承人是可以带动一个家庭或村落的。但我们没有很好地将非遗保护融入"国家重大战略"以使其在区域发展、乡村振兴中更好地发挥效能，在联结文化、凝聚人心、构建认同中发挥作用，更好地为中华民族伟大复兴助力。

三、文化生态视野下的非遗保护

如何有效地对非物质文化遗产进行保护传承，以文化生态的视野，笔者认为应探索如下建设途径。

1. 强化管理与机制建设，加强部门及各县（市、区）的协调工作。

一是成立"客家文化（赣南）生态保护实验区管理委员会"。目前，赣州市非遗中心显然难以协调、统筹保护区建设。可参照青海黄南州做法，成立由规格较高、独立建制的客家文化（赣州）生态保护区管理委员会，作为客家文化（赣南）生态保护（实验）区的直接行政主管部门，下设保护区工作办公室、非物质文化遗产中心、政策法律中心、专家小组，各县（市、区）参照设立文化生态保护区管理办公室等，协调管理保护区建设工作。

二是建立部门联席会议制度。建立包括文广新旅局、城建局、财政局、发改委、交通局、教育局、农业农村局、体育局、林业局、自然资源局、环保局、统战部等相关部门单以及保护区范围内各县（市、区）人民政府在内的协作、沟通联席会议机制，共同开展客家文化（赣南）生态保护实验区的建设实施保障工作，定期召开各部门联席会议，推动客家文化（赣南）生态保护区的保护和建设工作。

三是建立常态评估督查机制。保护区管理委员会建立独立的评估督查小组，加强对各县区保护区建设工作的指导和督查，对照规划实施目标进行工作评估，及时发现问题，总结经验。

2. 落实经费保障，助推客家传统文化振兴。

一是逐年增加或者单列客家传统文化继承和发展专项资金。对涉及客家传统文化项目获得省级立项批复后，建议按照国家：省：市＝5：3：2的资金比例给予资金支持，保障客家传统文化项目建设。

二是建立客家传统文化继承和发展建设基金。重点对博物馆、文物展示馆、人才培养、客家传统文化影视创作平台建设等项目进行支持。

三是文化传承激励机制。建议制定传承人奖励机制，可按带徒弟数量、开展传承活动次数、参与各类活动次数以及活动的效果等指标进行等级考核，并给予相应资金奖励。

客家研究前沿

3. 强化宣传影响，推动客家传统文化发展。

一是打造客家传统文化节目栏目。在江西日报、江西电视台等媒体开辟客家传统文化栏目。策划推出一批集创新性、故事性、前瞻性为一体，具有赣南特色的原创优秀节目栏目。把赣南客家传统文化的有益思想、艺术价值与时代特点相结合，打造一批底蕴深厚的具有赣南优秀客家传统文化特色的公益广告，在各公共场所和媒体展陈播出。

二是开展赣南优秀客家传统文化影视精品的创作。围绕赣南客家的重大历史故事和重要历史人物，挖掘赣南本土资源和题材，加大投入力度，策划、征集、创作并打造一批代表赣南文化形象、富于赣南地域特色、深受人民群众喜爱、具有影响力的影视精品佳作。

三是在传统节日、"自然与遗产日"、非遗"五进"活动等基础上，举办规模大、影响广的活动。每年举办1~2次全国性的非遗交流、展示或研讨活动。一些已连续举办多年、已形成品牌的活动如兴国山歌艺术节，要提高规格和规模，办成全国性的盛会；与高校合作举办以非遗保护为主的高级研讨会，促进扩大赣南客家文化和非遗在全国的影响。

4. 创新保护传承模式，推动文化生态保护与经济社会可持续发展。

一是振兴传统工艺，开展生产性保护助力乡村振兴。制订传统工艺振兴计划，公布传统工艺振兴项目目录，振兴传统工艺。支持优秀文创企业、设计企业和高校到保护区设立工作站，帮助传承人设计开发、推介销售传统工艺产品。引入现代创意设计，改良工艺，提升品质，生产实用又具有现代审美价值的产品，提高产品的市场竞争力，使非遗拉动经济，带动就业，助力乡村振兴。

二是不断推动文旅深度融合。在文旅融合发展中，将非遗等优秀传统文化元素与山水充分融合，让广大游客能够深入了解并亲身体验非遗的魅力。创新发展"非遗＋"活化传承形式，推出精品非遗节目展演、非遗进景等活动，丰富文旅融合特色项目；建立客家擂茶、客家酒坊、客家织带等非遗作坊，进一步丰富旅游业态；精心打造一批非遗旅游路线，吸引越来越多的游客。

三是要推动与国家重大战略相结合。强化系统性保护，以长征沿线传统文化保护传承弘扬为主线，积极推动非遗服务国家重大战略。推动长征国家文化公园非遗设施项目建设，创新成立长征沿线非遗联盟，举办长征沿线传统文化交流展示活动等。

5. 建立传承机制，培养人才队伍

文化生态保护区的核心是非遗项目，而非遗项目的传承依靠的主体是传承人。因此，以人为本是非遗保护的核心。富有活力的传承人和传承人群及广泛的公众参与，是非遗良好保护的最基础的标志和条件。

一是建立规章制度。制定《赣州市市级非物质文化遗产代表性传承人认定与管理办法》来保证传承人的权益。

二是建立传承人研修研习培训教育机制，确定培训点、培训人员及培训对象、培训内容，提高传承人整体素质，扩大传承队伍，从而实现自觉保护客家文化，并使之后继有序，实现可持续发展。

三是扩大传承队伍。加强与各界联系，引进、邀请一些专家学者参与到保护非遗工作中来，借助高校力量进行调查研究，共享成果。加强和梅州、龙岩等地的客家研究专业院校沟通与交流。研究和挖掘客家文化的深层价值，并为进一步加强客家文化的保护和后续性发展提供必要的支持。

客家文化生态保护区的
建设路径探索与实践反思

王学义[①]

摘　要：在回顾我国文化生态保护区建设发展历程的基础上，对客家文化生态保护区建设的实践历程进行总结与反思，认为在客家文化生态保护区建设方面还存在保护理念尚未厘清、总体发展规划有待完善、体制建设有待健全、参与主体有待扩展、理论研究有待提升等问题，指出在以"保护"为理念，以"非物质文化遗产"为核心的前提下，明确发展思路、加强区域联动、明确保护主体、加强智库建设、实现整体性保护，是客家文化生态保护区建设的发展方向。

关键词：客家文化；非物质文化遗产；文化生态保护区；整体性保护

一、文化生态保护区的实践与理论研究回顾

21 世纪初，在全球非物质文化遗产保护运动持续发展的背景下，我国以政府为主导的非物质文化遗产保护工作在全国范围内持续开展。非物质文化遗产保护工作开展十余年来，我国非物质文化遗产保护工作取得显著成效，非物质文化遗产保护理论和保护模式得到创新和完善。在推进非物质文化遗产整体性保护和区域性保护的背景下，"文化生态保护区"的理念在我国得以倡导并付诸实践。自 2007 年起至今，文化和旅游部先后在全国范围内设立了 23 个国家级文化生态保护试验区，覆盖

---

① 作者简介：王学义，（1987—），山东潍坊人，法学（民俗学）硕士，山东省文化馆（山东省非物质文化遗产保护中心）馆员，主要研究方向为非物质文化遗产保护、区域民俗文化。

全国 17 个省（直辖市、自治区）①。文化生态保护区的设立，旨在"为加强非物质文化遗产区域性整体保护，维护和培育文化生态，传承弘扬中华优秀传统文化，坚定文化自信，满足人民日益增长的美好生活需要"，为今后探索非物质文化遗产保护的中国路径提供了充足的实践空间。2019 年 3 月 1 日起开始实施的《国家级文化生态保护实验区管理办法》则从制度层面对国家级文化生态保护区设立、申报、建设、管理提供了保障，使得文化生态保护区的建设沿着更为规范的路径发展。

国内学术界对我国文化生态保护试验区的研究基本上与文化生态保护试验区的建设保持同步，民俗学、人类学、艺术学、建筑规划学等众多学科的学者参与到文化生态保护区的理论与实践研究中来，形成了丰硕的研究成果。总体来看，学者们的研究路径和关注的重点基本分为两种：

一是在回顾国内外"文化生态"理论与保护实践案例的基础上，从总体上对我国生态保护试验区建设过程中存在的问题进行剖析并提出建议。刘魁立系统回顾国外"文化生态""文化生态学""生态博物馆"理论并从实践层面梳理了贵州、云南、广西、四川、新疆等地进行文化生态保护实践的案例，在此基础上指出文化生态保护试验区建设中存在没有很好体现民众主体性、没有培育文化遗产的正确价值观、文化的整体没有得到很好保持、文化过度开发、公共政策和部门不适当的参与和干预等问题，认为在文化生态保护试验区建设的过程中应当遵循开放性原则、发展的原则和主体性原则②。陈华文、陈淑君对国内文化生态区的理念、生态博物馆的实践及最初对策进行讨论，从 10 个方面对我国文化生态保护区建设实践探索情况进行分析，指出文化生态保护区建设要强化管理与机制建设，要加强不同行政区之

---

① 文化和旅游部设立的 23 个国家级文化生态保护试验区：闽南文化生态保护试验区、徽州文化生态保护试验区、热贡文化生态保护试验区、羌族文化生态保护试验区、客家文化（梅州）文化生态保护试验区、武陵山区（湘西）土家族苗族文化生态保护试验区、海洋渔文化（象山）生态保护试验区、晋中文化生态保护试验区、潍水文化生态保护试验区、迪庆民族文化生态保护试验区、大理文化生态保护试验区、陕北文化生态保护试验区、铜鼓文化（河池）文化生态保护试验区、黔东南民族文化生态保护试验区、客家文化（赣南）生态保护试验区、格萨尔文化（果洛）生态保护试验区、武陵山区（鄂西南）土家族苗族文化生态保护试验区、武陵山区（渝东南）土家族苗族文化生态保护试验区、客家文化（闽西）文化生态保护试验区、说唱文化（宝丰）生态保护试验区、藏族文化（玉树）文化生态保护试验区、景德镇陶瓷文化生态保护试验区、河洛文化生态保护试验区。

② 刘魁立：《文化生态保护区问题刍议》（浙江师范大学学报（社会科学版），2007 年第 3 期）。

间的协调，要强化展示场馆、传承场所等建设，要加强核心非遗项目和传承人的保护，加强数字化建设与规范，加强宣传普及与研究的力度，完善国家监管机制①。汪欣认为文化遗产整体性保护和文化生态理论是文化生态保护区建设的理论基础，我国各地的生态博物馆、民族文化生态村和古村落保护等文化遗产保护的实践为文化生态保护区提供了借鉴②。

二是个案研究，通过对某个文化生态保护试验区建设历程的分析，指出其在实践过程中存在的问题并提出对策。卞利通过分析徽州文化生态保护试验区的建设历程，提出生态保护区建设中还存在跨区域的行政体制机制无法有效衔接、保护与开发利用之间的度的把握、文化生态保护区的社会动员等问题并提出六条对策用于解决以上问题③。

综上所述，文化生态保护区的设立是探索我国非遗保护模式新的尝试。文化生态保护实验区建设在实践层面和理论研究层面均处于起步阶段。从实践层面来看，文化生态保护实验区在规划编制、保护区管理、保护区机构设置等方面还存在不少问题。从理论研究层面看，学者过多注重对国外"生态论""文化生态论""文化生态博物馆"等概念的梳理和辨析，过多注重对文化生态保护实验区的个案研究，缺少从整体层面对我国文化生态保护区实践经验的归纳整理，缺少整体性指导理论的提出，尤其缺少对同一文化类型文化生态保护区建设与管理的研究，理论研究对实践层面的指导作用和意义有待加强。

二、客家文化生态保护实验区的保护实践

在已设立的 23 个国家级文化生态保护试验区中的以"客家文化"命名的国家级文化生态保护试验区有 3 个，分别是 2010 年 5 月设立的客家文化（梅州）生态保护试验区，2013 年 1 月设立的客家文化（赣南）生态保护试验区，2017 年 1 月设立

---

① 陈华文，陈淑君：《中国文化生态保护区的实践探索研究》，《浙江师范大学学报（社会科学版）》2016 年第 2 期。

② 汪欣：《文化生态保护区建设的理论与实践——以徽州文化生态保护试验区为例》，《河南教育学院学报（哲学社会科学版）》2015 年第 5 期。

③ 卞利：《文化生态保护区建设中存在的问题及其解决对策——以徽州文化生态保护实验区为例》，《文化遗产》2010 年第 4 期。

的客家文化（闽西）生态保护试验区，地域范围覆盖赣闽粤边区，占国家级文化生态保护试验区总数的近1/7。作为同一种文化类型，国家能在不同区域设立三个国家级客家文化生态保护实验区，在国内尚无第二例，也足以看出客家文化在整个国家文化战略与布局中的重要性和地方政府对以客家非物质文化遗产保护为核心的客家文化生态保护区建设的重视，同时这也突显以客家非物质文化遗产为核心的客家文化面临的保护形势的严峻性。

客家文化（梅州）生态保护试验区、客家文化（赣南）生态保护试验区、客家文化（闽西）生态保护试验区三个客家文化生态保护实验区设立后，围绕各自的区域特色，开展了一系列卓有成效的保护实践工作。各文化生态保护实验区先后建设了体系完备的国家—省—市—县四级非物质文化遗产代表性项目名录和代表性传承人名录；按照生态保护区建设的要求，分别根据各自地域特色编制了文化生态保护区总体规划；按照"以保护非物质文化遗产为核心，对历史文化积淀丰厚、存续状态良好，具有重要价值和鲜明特色的文化形态进行整体性保护"的总体原则，不断在生态保护实验区内建立和拓展文化生态空间，为非物质文化遗产保护提供物质载体；举办各类非遗展演展示和传承保护活动；对代表性传承人队伍进行培训，提升传承人队伍的整体保护和传承能力；在政府主导的原则下，调动当地民众的积极性，积极探索社会化力量参与客家文化生态保护实验区建设。

尽管三个客家文化生态保护实验区在实践中做了大量工作。在2019年12月25日文化和旅游部公布的首批7个国家级文化生态保护区中①，3个客家文化生态保护试验区均未入选，这其中固然有一定的客观方面的原因，但也从侧面反映出客家文化生态保护试验区建设中存在不少问题有待解决。我们将在梳理3个客家文化生态保护试验区建设历程的基础上，反思其中存在的问题，结合非物质文化遗产保护的理论和实践，参照已被公布为国家级文化生态保护区的文化生态保护试验区在建设过程中的先进理念和经验，对客家文化生态保护试验区今后的建设提出合理的建议，为客家文化生态保护区发展提供借鉴（表1）。

---

① 文化和旅游部公布的7个国家级文化生态保护区：闽南文化生态保护区、徽州文化生态保护区、热贡文化生态保护区、羌族文化生态保护区、武陵山区（湘西）土家族苗族文化生态保护区、海洋渔文化（象山）生态保护区、齐鲁文化（潍坊）生态保护区（原潍水文化生态保护试验区）。见《文化和旅游部关于公布国家级文化生态保护区名单的通知》（文旅非遗发〔2019〕147号）。

表1　3个国家级客家文化生态保护试验区基本情况一览表

名称	地区	县级单位数	批复时间	总体规划批复时间	国家级项目数
客家文化（梅州）生态保护试验区	广东省（梅州市）	8	2010年5月	2017年1月	6
客家文化（赣南）生态保护试验区	江西省（赣州市）	18	2013年1月	2017年1月	10
客家文化（闽西）生态保护试验区	福建省（龙岩市长汀县、上杭县、武平县、连城县、永定区，三明市宁化县、清流县、明溪县）	8	2017年1月		8

资料来源：中国非物质文化遗产网，数据统计截至2020年6月。

三、客家文化生态保护区建设存在的问题

（一）客家文化生态保护区保护理念有待厘清

文化生态保护实验区设立的初衷是在坚持保护优先、整体保护、见人见物见生活的理念前提下，既保护非物质文化遗产，也保护孕育发展非物质文化遗产的人文环境和自然环境，以实现"遗产丰富、氛围浓厚、特色鲜明、民众受益"的目标。"保护"无疑是文化生态保护区最核心的关键词，非物质文化遗产保护无疑是文化生态保护区众多保护对象中的重中之重。目前，随着非物质文化遗产保护工作的不断深化，各种保护模式和方式被不断提出，地方政府在文化生态保护区建设也面临着保护与生产、保护与旅游开发、保护与经济发展等冲突和悖论的冲击。如何处理保护与发展地方社会经济和产业发展之间的矛盾成为摆在地方政府面前的难题。从三个客家文化生态保护实验区覆盖的地域来看，主要集中在赣闽粤边区，大部分地区的经济社会发展水平相对较低，有些地区甚至是国家级贫困县，在脱贫攻坚的大背景下，非遗助力脱贫攻坚，对非遗进行生产性保护，利用非遗进行地方旅游开发等声音不断涌现，使得"保护"让位于"发展"的情况不断出现，使得文化生态保护区"保护为本"的理念不够清晰与明确。我们不反对上述做法与尝试，但问题是这些做法和尝试的初衷是否是以"保护"为前提的，如果背离了"保护"这一初衷，使得文化生态保护区成为发展地方经济的工具，那文化生态保护实验区设立的

意义又何在呢?

(二) 客家文化生态保护区总体发展规划有待完善

三个文化生态保护实验区设立后,先后制定了详细的总体发展规划,客家文化(梅州)生态保护试验区和客家文化(赣南)生态保护试验区总体发展规划在 2017 年 1 月得到当时文化部的批复进行实施。文化生态保护实验区总体发展规划是创建文化生态保护区的"指挥棒",是所有工作开展的依据。从这三个文化生态保护实验区的总体发展规划来看,规划内容翔实具体、面面俱到,但也存在不少问题。以客家文化(闽西)文化生态保护试验区总体发展规划为例,一是规划中在对"保护区文化生态保护现状"的分析中,对"存在问题"的认识不够到位,更多地从主观意识、机构和人员配备、经费投入等相对客观的方面查找原因,对于目前保护过程中存在的具体问题分析得不够透彻。二是规划中用了较大篇幅谈地方旅游发展和红色旅游开发,似乎有悖于"保护"的初衷。三是在近期、中期、远期的建设目标上不够具体,没有可量化的指标和具体的标准。四是规划在具体操作层面上还有待加强,比如规划中提出的建立福建省文化生态保护区建设工作部门联席会议制度和设立福建省文化生态保护区建设工作部门联席会议办公室等保障措施目前尚未得到落实,其总体发展规划的效力有待加强。

(三) 客家文化生态保护区体制建设有待健全

文化生态保护实验区的设立是以具体可见的行政区划为范围的,界限清晰。但从文化的整体性角度而言,文化的存在和传播是不受行政区域规划的限制的。"文化区要求跨越行政区域,实现资源的整合,但是保护区内组织机构建设存在制度性的困境和冲突。[①]"从各客家文化生态保护实验区内部来看,目前文化生态保护实验区建设仍然只是文化旅游部门一家的职能所在,与之相关的国土资源、规划、住建、民族宗教等部门还未参与进来,尚未形成多部门联合发力的局面。尽管有的保护实验区在规划中提到建立联席会议制度和设立联席会议办公室,但目前仍未实施。从保护客家文化的整体角度而言,三个客家文化生态保护实验区目前尚处于各自为政的阶段,也没有从客家文化的整体性保护层面出发,建立跨越行政区域层面的联络

---

① 郭永平:《生成整体论视域下文化生态保护区的实践机制研究》,《西南民族大学学报(人文社会科学版)》2020 年第 8 期。

交流机制，这也不利于客家文化生态区的建设和发展。在非遗保护人才和人员配备方面，尤其在作为非遗保护基层的县级非遗保护工作人员队伍建设方面力量薄弱。

（四）客家文化生态保护区参与主体有待扩展

群众是非物质文化遗产的创造者，也是非物质文化遗产的享有者。群众的广泛参与是非遗保护工作持续发展的动力源泉。在目前政府主导文化生态保护区建设的背景下，各类文化资源和话语权均掌握在政府部门手中，即便是非遗代表性传承人，也是在政府部门的指导下参与到非遗保护中来，没有文化自主权。相比非遗代表性传承人，普通群众对于文化生态保护区的建设更是漠不关心，因为文化生态保护区建设并未融入群众的生活，群众无法享受到应有的文化权利，所以群众参与文化生态保护区建设的积极性不高，这对客家文化生态区建设是不利的。

（五）客家文化生态保护区理论研究有待提升

与学者对闽南文化生态保护区、徽州文化生态保护区、热贡文化生态保护区等生态保护区的关注和研究相比，学界对客家文化生态保护实验区的关注和理论研究较少，已有的研究主要集中在个案性的发展建议层面，缺乏从客家文化生态保护整体性角度出发的理论研究成果，这在一定程度上制约了客家文化生态保护区的建设和发展。聚集于赣闽粤边区的高校从数量和学科建设上看，都有客家文化研究的基础，比如赣南师范大学客家研究院、三明学院、龙岩学院、嘉应学院在客家文化研究方面均积累了丰富的学术成果。如何将既有的学术成果转化为客家文化生态保护区建设可以利用的文化资源，如何进一步整合高校智力资源从理论和实践层面为客家文化生态保护区建设提供支撑关系到客家文化生态保护实验区未来的发展。各地的地方文化研究者也是一支不可忽视的力量，相比于高校的专家学者，他们在理论研究层面可能有所欠缺，但对于具体到某一区域或某一领域的客家文化事象，他们会有更为精深与细致的研究。如何发挥地方文化研究者的作用也是值得思考的问题。

四、客家文化生态保护区的发展方向

（一）明确发展思路，调整完善规划

厘清设立文化生态保护区的基本思路和观念，确定文化生态保护区的基本模式是解决文化生态保护实验区发展面临的所有问题的关键所在，这对客家文化生态保护区的建设也不例外。"在文化生态保护区的建设工作中，应坚持以保护非物质文化遗产为核心原则，坚持人文环境与自然环境相协调、维护文化生态平衡的整体性保护原则，坚持尊重人民群众的文化主体地位的原则，坚持以人为本、活态传承的原则，坚持文化与经济社会协调发展的原则，坚持保护优先、开发服从保护的原则，坚持政府主导、社会参与的原则。[①]"客家文化生态保护区建设要明确以"保护"为关键，以"非物质文化遗产"为核心理念，对客家文化的内在机理与深厚蕴含进行充分挖掘整理保护传承。在以"保护"为初衷的理念基础之上，充分挖掘文化生态保护区建设与地方经济社会发展的契合点，寻求保护发展之间的动态平衡。在客家文化生态保护区建设的实践过程和把握大方向不偏离的基础上，对客家文化生态保护区总体发展规划进行完善与调整，让规划内容落实到实践当中。

（二）加强区域联动，实现整体保护

一方面，在各客家文化生态保护区内部建立包括自然资源、建设规划、民族宗教、教育卫生等政府部门之间的联席会议机制，调解文化生态保护区建设过程中出现的问题。完善体制机制建设，争取成立专门的办事机构，配备专业人员来推进文化生态保护区的建设。另一方面，从客家文化的整体性保护层面来看，三个客家文化生态保护实验区之间要争取打破行政区划的限制，加强三个文化生态保护实验区之间的交流与对话，总结各自在文化生态保护区建设上的典型经验与做法，在各实验区之间进行推广，进而总结出一套适合客家文化生态保护的完整理论体系，为今后其他地区建设客家文化生态保护实验区提供完备的支撑和借鉴。

（三）明确保护主体，全民共享共建

生活性保护，"就是在生活中保护非物质文化遗产，并使非物质文化遗产重新融入人们的生活。从内涵上讲，就是将'以人为本'和可持续发展作为原则基础，对非物质文化遗产重新植入人类生活的再努力，旨在推进非物质文化遗产作为人类存在方式、生活方式的延续性、合法性与合理性，推进以非物质文化遗产为载体的生活空间的拓展与重构，从而在加强人们对非物质文化遗产的认知、参与路径的基础上，重建非物质文化遗产符号文本的意义生产机制，从而最终推动传统文化向现

---

① 秦树景：《非遗文化生态保护中的文化权利研究》，《东岳论丛》2019 年第 8 期。

代文化的历史转化与变迁。①"

非遗社区保护是一种区别于代表性项目传承人保护、文化生态保护区保护的遗产保护方式，旨在通过社区参与、社区认同而保障遗产项目在真实生活中有效传承，保证社区作为整体在非遗保护中受益②。

群众是非物质文化遗产的创造者、享有者和传承者。当前文化生态保护区建设是在"政府主导"的模式下开展的，对于非物质文化遗产保护的主动权掌握在各级政府部门手中，群众的文化权利无法兑现，造成群众参与文化生态保护区建设的积极性不高，一定程度上制约了文化生态保护区的建设。为此，在客家文化生态保护区建设的过程中，我们建议引进"生活性保护"和"社区保护"的理念，以实现非物质文化遗产保护融入群众生活，让大多数群众享受到其文化权利。因为"对于多数文化承载者而言，非遗存在的合理性即在于其对人的'有用性'，无论现实环境如何变迁，非遗仍要对人的生活发展有益才有持续存在下去的价值。③"只有让群众享受到保护非物质文化遗产带来的实实在在的收益，才能充分调动他们参与客家文化生态保护区建设的积极性。

（四）加强智库建设，理论指导实践

客家文化生态保护区建设在注重建设与保护实践的同时，应当加强保护理论研究，以更好地指导实践工作开展。具体而言，一方面，各客家文化生态保护实验区应当积极整合当地高校智力资源，在已有研究基础上综合各学科优势，加强对非物质文化遗产保护相关领域的理论研究。要充分调动和发挥地方文化研究者队伍的积极性，利用他们熟知地域文化的优势，为文化生态保护区建设提供坚实的智力基础。另一方面，客家文化保护区建设要有全局观，要运用多种方式让国际国内在非遗保护、文化生态保护区建设等领域的专家参与到客家文化生态保护区建设中来，提升生态保护区建设的整体高度和质量。另外，客家文化生态保护区建设要积极借鉴国内其他文化生态保护区建设积累的宝贵经验，并结合各客家文化生态保护实验区的

① 胡惠林，王媛：《非物质文化遗产保护：从生产性保护转向生活性保护》，《艺术百家》2013 年第 4 期。

② 韩成艳，高丙中：《非遗保护的县域实践：关键概念的理论探讨》，《中央民族大学学报（哲学社会科学版）》2020 年第 3 期。

③ 秦树景：《非遗文化生态保护中的文化权利研究》，《东岳论丛》2019 年第 8 期。

实际加以吸收利用，更好地为自身建设服务。

五、结　语

　　不论是非物质文化遗产保护，还是文化生态保护区建设，对我们而言都是新事物。在客家文化生态保护实验区建设实践过程中，要坚守以"保护"为基础的原则，充分围绕非物质文化遗产的核心地位开展实践工作。我们要对"政府主导"模式下的文化生态保护实验区建设进行充分的总结与反思，积极探索客家文化生态保护区保护的新模式，在文化生态保护区建设过程中不断调适非遗保护项目传承中面临的自身的流变和外部环境的变化，让文化生态保护实验区建设与当地社会生态环境充分融合，融入群众的日常生活，让群众享受到文化生态保护区建设带来的福祉。

客家移民与地域文化

河洛情结：宁化伊氏的中原记忆

杨彦杰①

摘　要：宁化伊氏是闽西客家的重要一支，清代著名书法家伊秉绶就属于这个宗族。宁化伊氏来自中原，开基于唐末。从明朝开始，伊氏族人便接续编修族谱，不断探求其祖先南迁开基的历史细节，以及伊氏在河洛地区发展的基本脉络，保留了伊氏与河洛关系的诸多历史记忆。在现实生活中，伊氏族人不断强化这种中原记忆，把它融入"伊公崇拜"的故事中，并与当地社会经济的发展相联系，日益成为客家人共享的历史文化资源。河洛是华夏文明的发祥地，客家人的河洛情结由来有自，在历史与社会现实中交织发展，至今仍发挥着作用。

关键词：宁化伊氏；河洛情结；中原记忆

客家人源自中原，这已经成为许多客家人的基本共识。尽管学界对客家民系的形成仍有不同看法，但从许多客家姓氏保存的历史记忆和众多史籍的记载看，客家先民大部分来自中原应是不争之事实。中原的核心区就在黄河与洛水交汇处，即河洛地区，因此许多南迁的汉人都自称来自"河洛"，或者干脆称为"河洛人""河洛郎"，客家人也不例外。

这些南迁的客家人到新居地开基创业，他们是如何保留对中原故土的历史记忆，这些记忆又是如何在现实生活中得以形塑和拓展的呢？这是我们需要关注的问题。本文拟以福建省宁化县的伊氏宗族为例，从族谱记载和当地民俗活动两方面，对上

---

①　作者简介：杨彦杰，福建社会科学院研究员，主要研究领域台湾史、两岸关系史、客家文化。曾任中国闽台缘博物馆馆长，现兼职中国社会科学院台湾史研究中心理事、厦门大学台湾研究中心学术委员、赣南师范学院客家文化传承和发展协同创新中心学术委员。

述问题做简要探讨，以期理解客家人根在中原的传统观念及其现实意义。

一、伊氏入闽及其族谱的中原记忆

宁化县地处福建省西北部，紧邻江西省，是中原汉人南迁入闽的重要通道之一，在客家形成历史上有着举足轻重的地位。

伊氏开基地在今宁化县的河龙乡。早期，此地山高林密，社会经济并不发达，明清时期称"河龙排"，隶属永丰里。清初李世熊纂《宁化县志》云："其在县之北五十里为永丰里。领图者三。为墟者一，曰中沙墟。①"此时河龙尚不出名。至民国时期，永丰里又出现了另一个墟市，即河龙排墟："为墟者二：曰中沙……曰河龙排……为村者四十有七。②"如今这两个墟市都已变成两个乡镇的核心区，一个是中沙乡，另一个就是河龙乡。而伊氏开基的永丰里"武曲锡源驿"，即处于今河龙乡乡政府所在地附近。

伊氏前往宁化开基甚早。据《伊氏族谱》载："至唐僖宗二年乙未岁，时有祖文敏公者避乱过江，由闽鄞居宁。③"这是迄今为止能看到有关伊氏宁化开基的最早记述。唐僖宗二年即乾符二年（875年），此时唐末农民大起义已经爆发，伊文敏为了避乱而过江，"由闽鄞居宁"。这条记载虽然没有提到伊文敏原先的祖地在何处，但提到了入闽时间以及入闽以后的行走路线，是经过"鄞"（长汀）进入宁化的。

族人记述的开基历史往往距离事件发生已经很远，因而这些记述主要是根据族人的口传完成的。随着时间的推移，这种口传记忆越来越多样化，文字的书写也就变得愈加具体。清雍正元年（1723年），伊氏后人在一篇《源流记》中详细梳理了其先祖自河南入闽的开基过程及其演变，引录于下：

> 吾族世居河南开封府陈留县临清乡，迨唐僖宗二年，有文敏公偕弟文景避乱过江，挈家入闽之宁化武曲锡源驿，里号永丰，视其山水秀丽，足为发祥之所，安居以为家焉。文敏公生子二：长崇公、次显公。后敏公携姚同弟文景复

① 宁化县志编纂委员会：《宁化县志·疆界志·卷1》（福州：福建人民出版社，1989：39 – 41）。

② 福建省地方志编纂委员会：《宁化县志·城市志·卷4》（厦门：厦门大学出版社，2009：89）。

③ 《太原那伊氏族谱·卷首》（重修本，光绪本，1908：2a）

归何［河］南，长子崇公无传，幸得次子显公为宁阳始祖。①

这篇文字不仅提到伊氏原来"世居河南开封府陈留县临清乡"，而且提到入闽后在"宁化武曲锡源驿"开基，同行入闽的除了伊文敏夫妇外，还有他的弟弟伊文景，后来兄弟二人连同文敏的妻子又返回河南，仅留下伊文敏后代在宁化繁衍，其次子显公成为"宁阳始祖"。

其实，有关伊氏入闽的细节在此之前还有其他探讨。据一篇成于明朝末年的序文云：伊文敏生有两个儿子，"长曰荣无嗣，次曰显得生五子，昭宗大顺二年分居处焉。②"伊显五个儿子的后代后来都散居于宁化县的河龙、中沙、安远、水茜、城关等乡镇以及闽、赣各地。这条史料提到的唐昭宗大顺二年（891 年），此时距离伊文敏兄弟入闽仅 16 年。如果上述说法不错的话，那么伊氏从河南开封迁入福建就不止兄弟二人，而是携带妻儿老小至少十几口人一同出行。他们一路风尘仆仆，祖孙三代，扶老携幼，至宁化永丰里定居以后再经过 16 年的养育，才有可能出现伊显的五个儿子都长大成人各自向外发展，分居创业。换句话说，至明朝末年，伊氏族人已经把唐末先祖从中原南迁的开基故事讲述得相当具体，让人可以由此勾勒出当年举家迁移的历史细节和生动场景。

伊文敏夫妇和伊文景后来又返回河南，族谱记载的理由是他们思念先人故土，"第春露秋霜，难忘祭祀"，因此"公后同弟文景复返河南"③。而留在宁化的子孙就以伊显传下的五房继续繁衍壮大，他们也因此与中原产生了特别深厚的血缘情感。开基祖父母重返河南，开封老家不仅是他们的根，也是他们至亲长辈居住、安葬的地方，思念故土中原的思想感情与自己的血脉亲情更自然、紧密地结合在一起。

伊氏族人不仅勤于探索祖辈先人入闽开基的历史细节，而且还把他们的求索精神延伸到对伊氏来源的探讨上。明朝万历八年（1580 年），时任桃源县知县伊天佑在为新修《伊氏族谱》作序时写下了这样一段话：

---

① 《太原郡源流记·太原郡伊氏族谱·卷首》，［光绪本，雍正元年（1723）：7b］。按，引文中的错字用方括号校订，下同。

② 姚世安：《序·太原郡伊氏族谱·卷首》，［光绪本，崇祯六年（1633）：5a］。

③ 《太原郡伊氏族谱·卷二》，［十二修本（民国本），民国三十三年（1944）：1a］。

伊奚自乎？有自来矣。自尧生于伊祁而伊姓始，自尹居于伊水而伊姓著，是因地而取姓也。然尧以神圣而帝唐，尹以元圣而相商。圣君圣臣，尊卑千古；圣德圣功，徽隆万世。卓卓乎不可尚已……尝闻伊氏世居汴州陈留县。据《一统志》，今陈留有城之莘，即古尹耕有野之名莘者也。溯流穷源，则伊祁者伊水之源也，伊水者伊莘之渊也。伊莘之渊出而为陈留之派，陈留之派分而为宁阳之流。渊源流派，接续贯通，则伊在宁阳而来在陈留也，有据而足征矣。①

这篇文字，作者以饱满的热情、考据式的笔触，十分认真地辨析了宁化伊氏的历史渊源。从唐尧而至伊尹，从伊水而至陈留，最终要说明的是宁化伊氏由来有自，他们的根从河北（伊祁山）至河南（伊水、陈留），与历史上的圣人是一脉相承的。伊水与洛水交汇于偃师，因此伊氏与河洛地区就有了渊源。从伊洛河流经的洛阳、偃师，再到黄河边上的开封，最后到福建宁化，伊氏的根脉从黄河边上一路走来，十分清晰。

这种追根式的历史溯源，在宁化伊氏的《族谱》中还经常可以读到。明崇祯六年（1633 年）的一篇《序》云：

闽汀宁阳有姓曰伊者。厥初尧以伊祁著姓，厥后尹以伊水继姓。相传世居汴洲［州］之陈留，至唐季时有文敏兄弟徙居宁化而家焉。②

从明清至民国，伊氏族人对其宗族来源的考证探求一直没有中断。正是这种强烈的寻根意识，在《伊氏族谱》中留下了诸多与中原有关的文字。这些文字和历史记忆与族人的日常生活联系在一起，不断强化族人的中原历史观念，演化成各种生动的宗族故事和民俗活动。

二、伊公崇拜的中原记忆

伊氏族人对中原的记忆不仅体现在《伊氏族谱》文字中，也体现在日常生活的

---

① 《太原伊氏重修旧谱序·太原郡伊氏族谱·卷首》，［光绪本，万历八年（1580）：2b］。

② 姚世安：《序·太原郡伊氏族谱·卷首》，［光绪本，崇祯六年（1633）：5a］。

民俗节庆里，其中最有代表性的是有关对伊公的崇拜。

伊公据传是宁化伊氏的七世祖，原名盆，讳义郎，北宋年间人。有关他的事迹，李世熊在《宁化县志》的"伊公庙"中有详细记载，引录于下：

> 庙在永丰里上伊村。按旧碣，神姓伊名盒①，为人豪毅，耿耿有烈士风。宋真宗景德元年，转运使李住起解梅州银绢，本州委通判胡某赍至本都武曲桥锡源驿，疾故，奉官茔葬。伊公慨然诣县自陈曰："解官本为朝廷重务，客死吾土，某现充保长，亦草莽臣也，愿换牒代解。"县许之。至汴京，适皇太子生，上大悦，以覃恩赐敕一道，骏马一骑，剑一口，出镇柳州。时南蛮不共，公领军夺勇前驱。血战破贼，所向倒戈。事平凯奏。卒于官，以功特赠银青大夫，因庙食至今。②

李世熊的记述来自民间"旧碣"，因而它是当时民间传闻的第一手材料。从时间看，这种民俗活动至少在明末以前就已经存在了。伊盆的事迹十分生动。根据李世熊的描述，他除了为人豪毅、出身草莽等英雄特质外，更重要的是他临危受命，毅然挑起押解"梅州银绢"的重任到汴京，受到皇帝赏赐。这样，伊公故事就把原本生活于山野边陲的一介草民与中央皇权联系了起来。朝廷、开封、宋真宗等词汇，对于来源于汴州的伊氏族人来说，无疑是强化其自身历史记忆的重要符号，更增强了他们对姓氏源流的认知和对中原的思想情感。血缘记忆与民俗活动的场景相互激荡，由此紧密交融在一起。

随着崇拜的深入，有关伊盆的故事愈加丰富。《伊氏族谱》不仅按《宁化县志》的记载抄录了伊盆事迹，而且还加上了他被朝廷赐塑金身、庙祀、阴娶等情节。

> 公为人豪毅，耿耿有烈士风。（中略，内容与《宁化县志》同）卒于官，以功特赐银青光禄大夫，载邑志。
> 公葬麻坛岭下，蛇形，寅山申向。仁宗天圣五年正月二十五日，庚郎、坚

---

① "神姓伊名盒"的"盒"字，当为"盆"之误。

② 宁化县志编纂委员会：《宁化县志·坛壝庙祠志·卷7》（福州：福建人民出版社，1989：418）。

郎会集谢、赖二姓，同至麻坛岭下请回真身，奉旨塑金身，在庚郎己地水南建庙，崇祀千秋。公生于宋太宗太平四年己卯岁十月十七日。原配张氏夫人。后于徽宗大观三年二月初三日在阳坳必豪公之孙景学家中显圣，阴娶吴氏夫人，同享庙祀至今。①

除了这些《宁化县志》未载的细节外，从清初开始，《伊氏族谱》又出现了伊公再被朝廷封为"洲湖润德尊王"的提法②，而且还有一份大宋政和二年六月的《制诰》。据《制诰》云：当时是由于社会动乱，"海啸鲸波，江鸣鼍鼓，舳舻蚁集，播地惊惶"，而伊公在危难关头显圣，"风云振旅，雾撼江滨，空腾戈甲，悬耀旗旌"，于是"海鲸懼而遁迹，山魈畏以潜形"，朝廷因此覃恩封为"洲湖润德尊王"，并封其妻吴氏为"赫灵显德夫人"③。

至此，有关伊公生前死后的所有细节都在《伊氏族谱》中一一呈现：他生于宋太宗太平四年（979年）十月十七日。宋真宗景德元年（1004年）25岁押解贡品进京，受赏识出镇柳州，平南蛮奏捷；卒于官，被封为"银青光禄大夫"。宋仁宗天圣五年（1027年）真身被请回，奉旨塑金身，立庙崇祀。宋徽宗大观三年（1109年）二月初三日显圣，阴娶吴氏。政和二年（1112年）六月再被朝廷封为"洲湖润德尊王"，吴氏亦被封"赫灵显德夫人"。族人崇奉其祖先并努力塑造祖先与朝廷皇帝的关系，对提高该宗族的社会声望和影响力十分重要。上述事例最令我们关注的是，这些涉及伊公与朝廷关系的时间点都发生在北宋，而北宋的京城在开封。因此，伊公生前死后的诸多故事情节与其说是在塑造神明正统，拉近地方小民与中央朝廷的关系，不如说是伊氏族人在寄托他们对中原故土的情感，是一种隐性潜在的历史情结的自然流露。

河龙聚居着伊、谢、张、李等姓族人。伊公祖庙就建在下伊村。随着其灵验故事的传播，伊公崇拜就逐渐走出了伊氏宗族的范围，成为周围53乡人共同崇祀的活

---

① 《太原郡伊氏族谱·卷2》，（民国本：3b–4a）。

② 《伊氏七十有奇翁老笔重修族谱序》，[见康熙元年（1662）]、《太原伊氏重修家（谱）序·太原郡伊氏族谱·卷首》，[光绪本雍正元年（1723）：5b–6b]。此前伊氏的历次谱序均没有"洲湖润德"这个封号。

③ 《太原郡伊氏族谱·卷末》，（1990年十三修：1a）。

动。如今，下伊的水南祖庙仍然存有多块清朝时期当地百姓修建庙宇的碑刻①。其中，雍正十年（1732 年）的《水南庙碑记》云：

> 宋真宗时，余乡有伊公以解粮为朝廷简任，莅镇柳州，累建勋于汗马之劳，载在邑乘彰彰可考。

嘉庆二十四年（1819 年）《重建水南庙记》又载：

> （伊）公于宋真宗景德元年解粮诣京，适皇太子生，敕赐银青大夫。镇柳州。时南蛮不共，公令军奋勇事平奏乐凯。卒于官。后于宋政和二年因海寇骚扰，公显绩平服，加封洲湖润德王。而英灵赫濯，有祷必应，于梓里诸乡素著，所以庙食至今。

上面所引这两段碑文都在讲述伊公的故事。有意思的是，这两段碑文书写的时间不同，但都提到伊公进京的任务是"解粮"，而不是我们原先引述的"起解梅州银绢"（《宁化县志》）。押解的东西变了，这其实不是作者的疏忽大意或者失查，而是乡民百姓在传播故事过程中增加了新的内容。

河龙乡是宁化县的产粮区之一。河龙大米在当地十分有名，至少在清朝就已经成了远近闻名的贡品。因此，伊公故事的演变，与清朝时期河龙的社会经济变迁密切相关。如今，当地人在讲述伊公故事时，有关进贡大米的情节更加惟妙惟肖：

> （伊盆）自告奋勇，愿意换牒代解，获宁化县府批准登上迢迢解银绢的辛苦征途，并随带河龙大米进京。当伊盆解押到京城（河南开封）交割银绢时，适逢太子刚好诞生，皇上大喜。又献上带去的河龙大米，皇上吃后，甚赞其米，十分高兴，龙颜大悦，令其年年进贡……河龙大米成为贡米后，远近闻名，十

---

① 这些碑刻钟晋兰均已整理标点。伊启烈，谢云吐，钟晋兰：《河龙的宗族、信仰与婚丧习俗》//杨彦杰《宁化县的宗族、经济与民俗》（上册）（香港：国际客家学会、香港中文大学海外华人资料研究中心、法国远东学院，2005：347－363）。

分畅销，所以河龙各姓氏十分感谢伊盆打开了大米的销路。①

这个故事的讲述者和整理者是当地伊、谢两姓的文人。可见伊公故事在当地人的集体创作下，随着历史的推移而更加丰富多彩，使伊公进京加上了河龙大米的情节，由此伊公的历史贡献就不仅仅是慷慨忠义、护国佑民，而是把河龙与京城联系起来，把河龙大米与皇帝喜欢的贡品联系在一起。伊公由此成了有功于家乡、值得乡民永远纪念的杰出人物。伊氏的历史故事和中原情结，最终演变成了河龙各姓村民共同享有的精神文化遗产。

三、伊氏中原记忆的启示

客家人对中原有着深厚的思想情感，宁化伊氏仅是其中一个代表。在伊氏历代编修的《伊氏族谱》和日常民俗活动里，到处都能见到族人浓厚的河洛情结和中原情感。伊氏族人对中原的深切记忆有其自身的历史传统，同时也体现了客家人某些共同的文化特质，归结起来有如下几点：

其一，木本水源的思想观念。这是宗族制度得以建立发展的思想基础，也是内化为客家人日常行为准则的基本观念。所谓"宁买祖宗田，不忘祖宗言"，最本质的含义就是不忘祖先、不忘根本。清代伊氏在河龙兴建了一座宗祠，取名为"思本堂"。"本"就是族人不可忘却的根。伊氏来源于河南，开基祖的父母又返回祖地，因此对中原故土有着特别深厚的感情。他们怀念远方的亲人，自然就会不断重塑、强化对中原的历史记忆。这种记忆是在现实生活中不断累积的。从追本溯源到分流衍派，从河洛中原到闽西宁化，把河洛、开封与祖地记忆都紧密联系起来。清朝著名书法家伊秉绶曾为"思本堂"题写了一副对联："启族自唐余中历四朝周十三甲，承家惟道乐支分五派衍百千丁"，此对联清楚表明了作者追本溯源的思想，以及思本堂对伊氏子孙后代的重要意义。

其二，忠君爱国的家国情怀。身处闽西边陲的客家百姓，对中原的记忆往往与国家君主相联系。伊氏来自开封，他们追溯的祖先从唐尧、伊尹开始，活动中心总

① 伊启烈，谢云吐，钟晋兰：《河龙的宗族、信仰与婚丧习俗》//杨彦杰《宁化县的宗族、经济与民俗》（上册），（香港：远东学院，2005：326）。

离不开河洛。伊祁山、伊水是伊氏发源地，河洛流经的洛阳、开封是他们祖先活动的地方。这个核心区也是华夏文明的发祥地，有多少客家先民在此生活，有多少客家姓氏发源于此。因此客家人对祖先的追忆，就不是简单的追本溯源，而是很自然地把它与民族国家的大历史联系起来。先人的丰功伟绩都是以报效国家为出发点的，这种观念极其强烈。伊氏祖先的伊公故事，他之所以受到广泛崇拜，其实质就在于敢于面对困难，忠勇刚毅，为国争先，因而受到皇帝的表彰。皇帝在汴京（开封），这对于伊氏族人更具有象征意义。因而汴京不仅是伊氏族人怀念故土的重要符号，也是那些身处边陲的客家民众忠君爱国思想自然流露的表达。国与家相连，爱国忠君与热爱家乡的思想情怀由此紧密联系在一起。

其三，热爱乡土的进取精神。伊公故事最终跨出了伊氏宗族的范围，成为周边53乡民众的共同思想财富，很重要的一点就是他的事迹与河龙社会经济的发展相联系。社会经济的发展不仅需要物质条件，而且需要文化资源。伊公解押河龙大米进京受到皇帝赏赐，日益成为当地民众津津乐道的共同语言。它成了展示河龙的一个品牌，成为宣传河龙大米的一个有力抓手。客家人的寻根意识和中原情结，最终都落实到现实生活中。而这种在现实生活中孕育壮大的思想观念，历久弥新，越发精彩，它既是客家人回顾历史、记忆乡愁的传统基因，更是客家子孙立足现实、面向未来最重要的思想基础和文化源泉。

河洛作为华夏文明的发祥地，在中华民族历史上发挥着极为重要的作用。客家人尊祖敬宗的观念特别强烈，因此他们对中原，尤其是河洛地区怀有特别深厚的思想感情。跨越千百年的风雨历程，客家人的中原记忆不仅没有淡化反而愈加深刻，日益焕发着生机与活力。本文探讨的宁化伊氏就是一个例子。加强对客家与中原历史关系的研究，不仅有利于客家研究的深化，而且对于推进中原与世界各地的联系，都将产生积极而且深远的影响。

粤东北客家地区的女性祖先崇拜与宗族建构

夏远鸣①

摘　要：在粤东北客家地区普遍存在女性祖先崇拜现象。族人通过墓祭的方式体现对女性祖先的崇拜，并发挥着凝聚整个宗族的作用。随着宗族文化实践的普及，民间开始以父系世系为原则创修族谱，有的将其作为男性开基祖的配偶纳入宗族世系，有的则完全摒弃女性祖先另立世系。随着祠堂的修建，有的女性祖先被作为男性祖先的配偶列入祠堂享受祀奉，其地位也因此被弱化。但在现实生活中，这种女性祖先崇拜活动至今仍然存在，二者并行不悖。

关键词：客家；女性祖先；宗族；墓祭

粤东北客家地区，许多宗族里最重要的崇祀对象往往是某位女性祖先。每年在固定的日子里，全族人都会到这位女性祖先的墓地进行祭扫，以表达对女性祖先的崇敬之情。在以父系世系为原则的宗族社会里，这种风俗非常特别。本文以粤东北客家地区的个案为例，对这种女性祖先崇拜现象进行考察，并探讨其在宗族建构过程中的意义。

一、粤东北客家地区女性祖先崇拜现象

粤东北客家地区，包括今天广东省梅州市下辖的梅县、蕉岭、平远、兴宁、五华、丰顺、大埔七县以及潮州的饶平等地，这是岭南客家的核心区域之一。在此区域的宗族里，普遍存在女性祖先崇拜的现象。这里所谓的女性祖先崇拜，是指全族人会在固定的日子里前往这位女性祖先的墓地举行盛大的祭祀仪式。

---

① 作者简介：夏远鸣，男，嘉应学院客家研究院助理研究员。

根据在家族中角色的不同，被崇祀的女性祖先包括父系女性祖先与母系女性祖先，即"祖母"与"外祖母"。在梅州客家方言中，对于两代以上的父系女性前辈，也就是自己曾祖母及其以上辈分女性长者称为"婆太"；在饶平等受潮汕话影响的客家地区，则称其为"老祖妈"。为了行文方便，我们将这种对于父系女性祖先崇祀现象称为"婆太崇拜"。与父系女性祖先相对应的是母系女性祖先崇拜，即对自己外祖婆（北方方言中称为"太姥姥"）的崇拜。为行文方便，这里将其称为"外婆太"崇拜。下面依据笔者收集的个案，分别对这两种女性祖先崇拜情况进行考察。

需要提前说明的是，本文的宗族指的是弗里德曼所说的"地域世系群体"（Local lineage），即由居住在一个聚落内或稳定的聚落群内的父系成员所构成的自律性集团①。这是实体性宗族。粤东为山区，其地貌以山间小盆地为主，人们在其间定居繁衍，然后形成一个聚落。这样的"宗族"是粤东客家地区宗族的常态，是日常一起互动接触的人群，其更符合"地域世系群体"这个术语所表达的意思。

1. 婆太崇拜

婆太是女性祖先崇拜中最为常见的。多与宗族的开基传说有关。所谓开基，即一个宗族从一个地方开始创业定居，最早的创业者被称为"开基祖"。在以男系世系为原则的宗族里其开基祖多为男性，但在客家地区，许多宗族有女性开基祖的传说。并且，这些女性也不一样，有的是某个女性祖先，有的是两个女性祖先，有的则是婆媳。

蕉岭县高思乡是一个以汤姓为主的聚落，因其四周高山，中间低凹，地貌似锅形，加之全部姓汤，故有"高思一锅汤"之称。汤姓的开基祖为何姓婆太。据说，何婆太从福建长汀用箩挑着两个儿子来到高思开基，长为五八郎公、次为五九郎公。后五八郎公又生六一、六二、六三郎公三子；五九公生六四、六五、六六公三子，遂繁衍成地方大族。后汤姓宗族将何氏婆太作为本族内最为崇拜的女性祖先。

除了单独的女性开基祖传说外，蕉岭县同福村的曾姓宗族则是对两位女性开基祖非常崇拜。曾姓是同福村最大的姓氏，在宗族里长期流传有"无聂无范不成曾"的说法。这指的是曾姓族人的二位始祖婆太聂氏与范氏一同开创曾氏宗族的传说。

---

① 钱杭. 《莫里斯·弗利德曼与〈中国宗族与社会：福建和广东〉》，[史林，1999（3）：105]。

曾姓奉裕振公为入粤始祖。据口述与族谱资料记载，元末明初，适逢世乱，裕振公有二子，长天政，次天祯。长子天政娶妻聂氏。后天政公因兵乱遇难，时始祖裕振公已故，于是福建宁化石壁居住的长媳聂氏肩挑父母骨骸①，并携幼弟天祯入粤。后天祯公娶范氏，于是聂氏与范氏一同开创家业。由于聂氏与范氏对于宗族发展起着重要作用，故其二人在曾姓家族中享有崇高的地位，故有"无聂无范不成曾"之说。聂氏葬于镇平县徐溪乡高乾上坪"上仰睡人形"，于康熙甲午年（1654 年）重修竖碑。范氏七娘葬于徐溪口"挂树蛇形"。聂、范二墓穴为同福曾姓视为风水宝地，也是全族人最主要的祭祀对象。可惜这两穴墓地后来因修建公路被毁，以至无法对其进行实地考察。

另外，在饶平县上饶镇古竹排张姓宗族发现有婆媳为开基祖的现象。张姓为当地大姓，也编有完备的族谱。但他们祭祀的祖先却是两女性祖先的合墓。受潮汕话的影响，他们称之为"老祖妈"。这座女性祖先的墓地，为婆婆张氏与儿媳刘氏合葬之墓，其墓碑上竖排书写："明祖妣张母七十八赖氏，附媳勤淑大晚刘氏墓"，落款时间为"雍正庚戌年重修"，重修人为"五大房子孙"。这座墓是张姓人隆重祀奉的墓地。从时间上看，该墓是明代所建，雍正年间重修，其历史非常悠久。在宗族的维系上起到很大的作用。

另外，据笔者调查所知，在蕉岭县长潭峡里林姓、浒竹李姓等均存在有婆太崇拜。笔者在乡村做田野调查时发现，每年进入农历八月以后，客家人都要组织族人祭拜始祖婆太，也常发现用红纸张贴祭婆太的捐款公告以及相关事宜。

2. 外婆太崇拜现象

相较于婆太崇拜，外婆太崇拜现象更超出我们社会日常生活的经验，笔者在田野考察中收集到几例个案。其一是蕉岭县徐溪钟姓对外祖婆太罗氏的崇拜。钟姓是徐溪大姓，分成龟形与旗形二祠聚居，是两个房派，也是两个聚落。其中龟形的钟姓在以前最隆重的祭祀活动，便是祭祀外祖妣罗太孺人。民国时期，罗太孺人墓被水浸土壅，坟迹不见。1943 年，钟氏族人重修该坟，并刻墓碑以志。该墓碑现存放于龟形祠内，上书"外祖妣慈顺节寿罗太孺人墓"，其明确记载了外祖妣其人与碑

---

① 客家地区存在二次习俗，即先将去世的人安葬，待若干年后取出骨骸，将骨骸放在一个陶罐中另行安葬。

的由来。"外祖姚罗氏，生于大明成化八年壬辰岁八月初八日辰时，卒于大明嘉靖三十二年癸丑岁六月初三日丑时，享寿八十有二。癸丑岁秋月吉旦柩葬于此，扦点作法，俱蒙国师廖炳公苦心经营……"

落款为："婿：钟秀文；外孙：钟徐川、钟南田、钟茂望、钟柳泉、钟沈田"，并标明重修情况："中华民国三十二年九月初一日辛酉月庚寅日卯时起工动土，九月二十六日壬戌日卯日卯时□坟竖碑①。坟式及分金度数均依炳公旧制，不敢变更分毫，谨记。"这说明钟姓人对于外祖婆坟墓高度重视。这也显示，当时的家庭结构也有别于今天的一般以父系世系为主的家庭，其家庭成员责任也有所不同。

第二例个案是蕉岭徐氏宗族外阿婆。徐姓是蕉岭县城区一带最大的姓氏，有"徐半城"之称。徐姓始祖墓地在县城西五公里处的燕岽山，其风水形为"燕鸟伏梁"，在乾隆版的《镇平县志》中，便将此列为古迹，可见其历史与影响。"燕鸟伏梁"有三穴坟墓，分别是徐姓开基祖徐探玄、始祖姚田氏外，另外还有一穴是"刘孺人"墓，这位刘姓孺人是徐姓的"外祖姚"，当地人称之为"外阿婆"。这位外阿婆墓碑上书"发祥刘孺人之墓"，落款为"徐氏三大房立"，可见其在徐姓宗族里的地位与影响。虽然这穴墓在形制与规模上比前二者均小，但从烧香纸余留下的灰烬来看，其香火之旺不逊于前二者。每位徐姓后裔，在墓祭自己的始祖时都要一同祭祀这位刘姓外阿婆。

总之，类似女性祖先崇拜的现象，在客家乡村地区比较普遍存在。

3. 女性祖先崇拜及其对宗族的维系

对于女性祖先的崇拜，主要体现于每年的墓祭活动。墓祭，指的是在祖先的坟墓前祭祀祖先亡灵的仪式。中国的墓祭起源于先秦时期，到唐宋时期渐渐成为民间习俗，明清时期延续下来。事实上，在粤东客家地区，墓祭之风也非常盛行。这些墓祭活动中，其中相当一部分是对女性祖先的祭祀。女性祖先都是单独占据一穴墓地，独享祀奉。在粤东地区，墓祭多在农历八月以后进行。乾隆《嘉应州志》载："春秋分及冬至设享，而清明墓祭尤盛。宰牲列祖，挂纸钱墓上，祭毕，聚饮冢旁。八月初一谓之'大清明'。或清明不祭，必祭于大清明。此虽不尽合礼，犹有敬祖

---

① □为原碑文看不清之处，下同。

睦族之义，未可厚非也。①"

这里虽然没有说明墓祭所祭的祖先是谁，但根据田野考察可知，其中相当一部分是女性祖先。在今天田野考察中，我们也很容易发现墓祭女性祖先的情况。

近年来，随着研究的深入，许多研究者也主张将祖坟作为宗族要素之一。② 祖坟（墓）对于宗族的意义越来越被重视③。粤东北地区的女性开基祖的墓地，无疑也对宗族的维系起到重大作用。在族谱中，我们发现有的宗族也为婆太的祭祀设立了尝会。以蕉岭陂角赖姓为例，其所崇拜的女性祖先为颜氏婆太。光绪年编修族谱时，曾有"颜婆太尝内助银二十四元"的记载④，这说明，当时赖氏宗族已经为颜氏婆太的墓祭活动创立了专门的尝会，以维持对其祭祀活动，这也体现了婆太祭祀对于宗族维持的重要性。

饶平张姓的墓祭女性祖先的墓，也显示了维持宗族的功能。这是一穴婆媳同葬的墓地，墓碑上书："明祖妣张母七十八赖氏/附媳勤淑大晚刘氏墓"。落款为"雍正庚戌年重修"。右边的"子孙□大记"，左边"□□五房□祀立"虽然有几个字看不清，但基本可以明白，该墓建于明代，雍正年间重修时，有五房子孙参与。这些字样说明，当时这两位女性祖先合葬的墓地，从明代起已经发挥凝聚宗族的目的。徐姓的外祖婆太刘孺人的墓，其落款也是"徐氏三大房立"。这显示，女性祖先的墓地，已成为凝聚宗族的纽带。

总之，由于对女性祖先的祭祀活动多在明代甚至更早的时候建立，而这一时期宗族制度还未能完全普及于粤东民间社会，赖以维持宗族的方式不像后来那样文献化，所以墓祭便成为其中主要的方式。无论墓祭的对象是男性还是女性，都有同样的功能。

不过从这些女性祖先的墓碑来看，有几个特点是后来的墓碑乃至族谱中所没有

---

① 乾隆《嘉应州志》，卷1，《舆地部·风俗》。

② 郑振满：《宋以后福建的祭祖习俗与宗族组织》（三联书店，2009：103 – 131）。冯尔康：《清代宗族祖坟述略》（安徽史学，2009（1）：60 – 75）。王日根：《从墓地、族谱到祠堂：明清山东栖霞宗族凝聚的变迁》（历史研究，2008（2）：75 – 97）。

③ 相关的研究成果如：冯尔康：《清代宗族祖坟述略》，《安徽史学》2009 年第 1 期；王日根、张先刚：《从墓地、族谱到祠堂：明清山东栖霞宗族凝聚纽带的变迁》，《历史研究》2008 年第 2 期；刘巧莉：《构建、维系与组织化：明清时期墓祭对华北宗族的影响探析》，《西南大学学报（社会科学版）》2018 年第 6 期；

④ 《赖氏重修宗谱》，光绪元年，页码不明。

的。一是这些女性祖先的墓碑基本上没有世序，即没有标明这位女性祖先是第几系，这与后来的有完备世系的宗族图谱是完全不同的。二是墓碑也没有标明他们的配偶是哪位。这两个特点体现了早期宗族社会对于世系的重视不明显，但个别人物对于宗族的维系作用更明显，而不像后来族谱中对于世系建构的强调。这样，女性祖婆的信息只有依靠口述方式的流传下来，随着时代的推移，关于其信息则会变得不确定，这就导致在创修族谱时会遇到如何处理女性祖先信息的问题。

二、女性开基祖先如何进入族谱

随着宗族文化实践的普及，因为族谱是以文字的方式确立宗族成员的谱系，族谱的编纂也越来越成为宗族文化的实践活动之一，并且成为建构宗族重要的一环。关于宗族，《尔雅·释亲》有一个经典定义，即"父之党为宗族"。钱杭对中国宗族定义为"中国宗族是一个父系世系集团①"。这是我们观察宗族的一个重要出发点，也是族谱编修时必须遵循的原则。具体地说，在族谱中，宗族的开基祖一定是男性，这样才可以把世系确定下来，形成一个宗族的图谱。但是，面临长期以女性祖先维系的宗族，在编写族谱时，就会遇到如何处理女性开基祖先的问题。

族谱的编纂，是若干年后，等宗族繁荣到一定程度且有读书人出现后才有可能着手编修。所以如濑川昌久所言，族谱的编纂是一个追溯性的过程②。在这个追溯性的过程中，最基本的是要确定男性开基祖先及以下祖先的世序。许多现实中被崇拜的女性祖先的墓碑上没有世序，也没有标明配偶是何人。例如，饶平县苦竹排张姓女性祖先的墓碑上只写着"明祖妣张母七十八赖氏，附媳勤淑大晚刘氏墓"；既没有标明世系，也没有标明她们配偶。蕉岭徐溪钟姓的外祖婆墓碑上书"外祖妣慈顺节寿罗太孺人墓"字样。在落款的文字中，只表明这是明代的墓，没有标明其在宗族里的世系，也没标明她的配偶是何人。这就意味着，当进入文字社会以后，需要重新确立宗族的世序。在实际操作过程中，大致有以下几种情形。

① 钱杭：《宗族建构过程中的血缘与世系》，[历史研究 2009（4）：67].

② ［日］濑川昌久.《族谱：华南汉族的宗族·风水·移居》. 钱杭，译. 上海：上海书店出版社，1999：4。

1. 将婆太定为一世祖妣

对于那些有明确开基传说的宗族，一般的做法是为开基女性祖先虚拟一个男性配偶，作为族谱上的一世祖，从而顺利完成宗族世系的衔接与建构。在族谱或祖先神牌位上，这些女性开基祖被写成某某"孺人"，还加上谥号。蕉岭高思汤姓族谱便是以这种方式处理开基祖何婆太。在 20 世纪 60 年代编纂的《中山汤氏瓜瓞族谱》里，将汤四十七郎公作为镇平县开基祖，然后将何婆太作为开基祖妣，然后在此基础上续写宗族的谱系。在族谱的叙述中，以四十七郎公为主，何氏婆太为辅。

由于这个四十七郎公是虚拟的，没有办法找到他的墓地，所以为了掩饰这个事实，族谱说四十七郎公居于宁化石壁乡，没有与何婆太一同前来。并且为了显示传统的孝道，又增加了弟弟回乡寻找父兄的说法。族谱写到，四十七郎公与何婆太生三子，分别为五三、五八、五九。后因思念父亲与伯兄，五三郎公回乡寻父，日久未归。很明显，子寻父，是为了体现孝道。同时，也是对于开基地没有办法找到男性开基祖先的一种隐讳处理方法，从而避免了尴尬。所以，对于女性开基的宗族，在族谱的编修过程中，都会有对男性祖先开基故事进行合理化处理。通过这样的宗族叙事，从而建立其合理的世系。这样何婆太的出现便有了合理的来源。与传统族谱不同，该族谱还加上了有关客家中源南迁的内容，并将汤姓祖先南迁附会在客家南迁的叙事框架中。

蕉岭县同福曾姓宗族也以类似方法处理开基女性祖先。蕉岭同福的曾姓族谱也将他们祖先的来历追溯到宁化石壁。在《曾氏续修族谱》中，将同福曾姓的开基祖追溯到裕振公。裕振公去世后，其子十六郎（天祯）与兄嫂聂氏大娘（天秩之妻），焚金带父骸流来广东开基。聂氏生四子。十六郎之兄卒于宁化，十六郎本人娶妻范氏七娘，生一子，名曰伯五郎，乃为曾姓蓼坡房（今同福）之祖。这样，便将聂氏与范氏纳入族谱之中。

为了掩饰天秩公没有墓地的尴尬，在族谱中称"政（字天秩）公居于汀州府宁化县石壁村，未曾迁徙，葬本都。"这里，把两位女性列为二世纳入男系世系图谱，并且也不违反族谱对于男系世系原则的要求。曾氏宗族里受崇拜的是两位女性祖先通过这种方式被列入二世祖妣，完成了对这二位女性祖先的合理化处理。

2. 抛开墓祭女性祖先另立世系

上面两则个案，是通过文字改造的途径将女性祖先纳入男系世系图谱。而有的姓氏在修族谱时，则索性将女性祖先抛开，另外建立宗族世系，饶平苦竹排张姓人便是如此。饶平张姓的族谱中虚构了"肇基公"这个的始祖。之所以说这是虚构的，是因为在粤东地区，许多宗族在创修族谱无法确认开基始祖时，均以"肇基公"称之，这是一种常见的做法。"肇"是开始的意思，顾名思义，肇基公便是宗族的开基祖，或一世祖。以这种方式来确定自己的开基祖先，是一种不得已的方法，但它从形式上解决了无法确定开基祖的困境。张姓在创修族谱时，显然也是遇到同样的问题，所以也用"肇基公"作为自己的开基祖先。在一份民国手抄的族谱中这样记载：

始祖肇基公，妣（缺），生四子，坟葬在武石乡田洋，每年三月初三日祭墓①。

在这份记载中，言之凿凿地载明安葬地点、墓祭时间。但在田野调查中，张姓族人根据族谱中记载的这个地点并没有他们的始祖"肇基公"的墓地，张姓族人曾多处寻觅也未果。客观地说，这个结果其实也不令人意外。

更令我们吃惊的是，族谱中没有将被全族墓祭的老祖妈纳入族谱世系。根据另一份《饶平县肇基公派二房居康滨裔孙张氏族谱》记载，盛德公为饶平肇基始祖，其坟葬饶平上饶武石吉篮坑面，葬骨灰，墓碑立"世祖肇基张公"，其妣为罗氏、刘氏②。而两位实际被崇拜"老祖妈"的墓碑上记载的是赖氏，其儿媳是刘氏，显然族谱上肇基公的配偶不是指两位。在后来的几代祖先中，也没有出现祖妣为赖氏或刘氏男性祖先，所以这两位被日常崇拜的女性祖先显然是没有被纳入族谱。

之所以没有将他们日常崇拜的女性祖先纳入谱系，可能与世系不明确有关。因为这些信息不明，所以在族谱中不容易安排他们的位置，无法将她们纳入世系。再加之当地重构以男性为谱系时，中间已经断了很多代，所以更无法很好地在族谱中安排被墓祭的婆媳二位女性祖先。

同样，蕉岭县赖姓也有类似情况。据《贵贤公派赖氏族谱》（1996年）记载，贵贤公于元朝由福建武平象洞镇东岗寨迁粤，在现陂角开基，后裔尊为开基始祖。从十世时开始排字派。这些世系当中，均没有提到颜姓的婆太。可见在族谱世系编列过程中，已经把颜氏婆太完全抛开，重新编列了一套世系，从而建构了宗族。之

---

① 《上饶苦竹排族谱》，手抄本，无页码，民国七年（1918）。

② 《饶平县肇基公派二房居康滨裔孙张氏族谱》，1997年，第33页。

所以这样做，亦可能是无法确定颜氏婆太的原来的世系与配偶的身份所致。

3. 以墓祭确立宗族世系——徐姓宗族的做法

现实中，也有将女性祖先崇拜处理得相当完美的宗族，以致在编修族谱时不会有这样的尴尬，如上举徐姓宗族有外祖妣崇拜的习俗。徐姓有刘姓外祖妣，墓碑上称为"发祥刘孺人"，其墓地也在徐姓宗族祖先的墓一块，一同被祀奉。今天虽然徐氏开基祖探玄公墓与其妣田氏孺人的墓成为主墓，但可以想象在此之前，徐姓宗族有一段很长时间是信仰外祖母崇拜的，否则这个传统也不可能延续至今。不过，徐姓对外祖婆信仰的处理非常特别。因为徐姓是地方大姓，受儒家教化较早，所以族内有知识分子从明代便开始建构自己的宗族世系。虽然当时仍然是墓祭，但已经有本族的士大夫开始通过墓祭来建构自己的谱系。这位士大夫便是徐姓三世祖徐应时。

徐应时，号竹斋，生洪武二十四年（1391年），卒于成化五年（1469年）。① 在此之前，徐姓族内已经有墓祭，并且也应该包含对外祖妣的墓祭。也就是在他去世的那一年作《燕山墓祭序》，对家族的墓祭进行规范。在《燕山墓祭序》中将探玄公作为始祖，二世列位先人作为创业始祖，三世诸位兄弟作为守成之祖，并要求"此三世祖当世世祀之而不可迁，岁岁祭之而不可缺"。通过这个要求，确立了最初以父系世系的宗族原则与序列，为宗族建构奠定了基础，以后的子孙只要这个基础一代代延续推进即可，这为以后族谱编纂与祠祭提供了文献与历史基础。之所以要强调祭祀这三代祖先，也是为了强化宗族的凝聚力。

徐应时（号竹斋）是一位受过儒家正统教育的士子，知道徐氏墓祭女性祖先的做法不合礼法，所以把探玄公作为开基祖进行祀奉，这样徐姓宗族父系世系的序列在墓祭时代已经完成，避免了后来宗族对于开基祖不明的尴尬。而对于原来的外祖妣刘孺人，做了妥善的处理。《燕山墓祭序》正文之外附带了一句话："徐氏外祖妣，称发祥刘孺人，墓燕山东向，在始祖妣坟左，亦于清明日祭扫焉。并志。"

这可能是儒家知识分子面对强大的地方传统的一种妥协。但在编修族谱的时候，这位外祖婆完全不再体现，直接从开基祖探玄公开始。所以，今天徐氏墓祭的外祖婆，只能在墓园里看到，在族谱上是完全没有记载的。

---

① 蕉岭县东海文化研究会：《广东蕉岭徐氏族谱》，2001年，第541页。

总之，女性祖先坟墓由于时间久远，且不具备世系、时间与亲属关系等清晰的信息，所以在族谱创修时，如何将她们纳入谱系，是一个挑战性的问题。我们只能知道古人操作的结果，至于具体如何操作，还有待进一步考察。有的选择另立系世，忽略这些女性祖先的存在，也是一种建构族谱的方法。

三、女性祖先如何纳入祠祭

如果说纳入族谱世系，是女性从墓祭进入宗族序列的第一步，那么从族谱进入祠堂牌位享受祀奉，则是正式的"登堂入室"。弗里德曼（Freedman M.）说，"族谱是对世系群的发展和结构具有影响，并成为世系群的宪章（Charters）。"所以，祠堂内祖先的牌位，基本以族谱这个宪章为文本依据的。所以，只有上了族谱的世系以后，才有可能上祠堂的神牌。但是，上了族谱的女性祖先，也并不一定会被立祠祭祀。

一般认为，族谱、祀产、祠堂是宗族的三大要素，但这三要素并不是同时出现的。这三者相较而言，族谱创修应该是比较早出现的，祠堂则因为建造需要资金，往往是比编纂族谱更后发生，特别是在粤东地区，因为这与粤东地区祠堂的形制的关系，可能更容易创建。

在粤东客家地区，祠堂与民居是合而为一的，当地人称之为"屋"，也就是"以祠统家"的现象。它是祖先祭祀的空间（主要在大堂与后面化胎），也是子孙后裔日常居住的空间，具有双重功能。同时，它也不单单是一幢建筑，而且是一个聚落，其体量往往很庞大。今天我们看到粤东这些祖堂，往往都是祭祀其某一代祖先。其建造者是这位祖先的后裔们。当然，祠堂里也会有设历代祖先的牌位，但要以某位祖先为主，这位祖先称为"抱香炉"的祖先。其余再按昭穆顺序，排列这位祖先以下的历代先人。祠堂除厅堂作为公用外，其余的房间再来进行分配给一起出资修建的各家各户。这是粤东客家地区祠堂的大致情况。

但在事实上，多数祠堂都是祭祀某一位祖先的分祠，总祠或宗祠并不是每一个姓氏都没有。一般而言，纳入族谱的女性祖先，多是一世祖妣，但一世祖或开基祖作为祭祀对象的宗祠或总祠在一个聚落里并不普遍。一般的宗族聚落里多是分祠建立得更早，宗祠建立得更晚，甚至没有，这是一个普遍现象。大量地域性世系群体，往往是不可能按照族谱"宪章"上的世系来创建祠堂的，这是因为祠堂的创立受现实的影响。所以墓祭的祖先，也就不可能完全都有对应的祠祭空间，包括开基祖在内。因此，开基祖也不可能都有机会被列入专门的祠祭，同理，作为开基祖婆太的女性祖先也不可能被专门在祠堂里被祭祀。她们要进入祠祭，只能等祀奉一世祖的祖堂建好以后才能得以实现。

以汤姓为例，在族谱中，女性开基祖何氏婆太被列为一世祖四七郎公的配偶，所以当汤氏宗祠建好以后，供奉一世祖四七郎公，这样何氏婆太便以其配偶的身份一起被享受祠祭。

其在神牌上竖立书写："开基祖考四十七郎汤公/妣汤母何大孺人神位"。这样，一个由女性开基祖的宗族，成功转换成一个父系的世系的宗族。

多数被列入族谱开基祖婆，虽然纳入族谱体系，但是由于没有修建祠堂，所以也没有祠祭。比如，同福曾姓开基的范、聂两位女性祖先，便因为没有祖堂而不能享受祠祭，只能采用墓祭。

在客家地区，各派的分祠一般出现得更早，全姓都有份的宗祠或总祠一般出现得更晚，主要是因为分祠是一部分人为了居住而合股兴建的。只有当一个宗族需要某种大事时才会联合全族人共同建造宗祠的契机与可能。一间祠堂的修建需要财富的支持，也要由有能力的精英出面组织，还要族人团结齐心。所以常常需要等待一个非常好的时机来动员全族人一起参与建造。

清末兴学，各姓氏纷纷设立族学。因为族学需要教学场所，许多姓氏以祠堂作为学校校址办学。有的宗族并没有一个可供全族共享的公共空间。这逼迫一些宗族开始以兴建学校的名义创建宗祠，从而实现祠祭。

梅县瑶上乡丘姓在村子的东西两面聚族而居，分作东、西两房。每年两房族人都会祭祀他们共同的开基祖谢氏婆太的墓。虽然两房有共同的女性祖先坟墓，但却没有共同的祖祠，且两房墓祭的日子也不同。在科举时期，东西两房各有塾馆，两房的子弟分别在各自的塾馆读书，没有统一的族学。1905年科举制度废除后，各地纷纷设立新式学校。该年，丘氏族内先贤丘象坤等倡设族学，作为丘氏宗族子弟进德修业之所。于是合族商议，决定筹建祖祠，开办新式学堂。他们族谱中念二郎公被奉为一世祖，于是便修建念二公祠，作为供奉念二公的祖祠，同时谢氏婆太也被作为其配偶进入祠堂享受崇祀。祠内房间及祠外空地，则为族校之用①。念二公祠于1911年修成。根据当地风俗，于民国元年（1912年）正月初一子时，举行安放神牌仪式，请入历代祖先神牌入祠内神龛，同时兼办学校。因为东西两大房皆属"玉"字辈之裔孙，故创校即以"玉成"为校名。

丘氏宗族通过这种建祠设校办学的方式，一举两得，既达到了办学的目的，也使得宗族得到重新的整合与强化，并通过建祠使祠祭得以开展。这也使得宗族祭祀活动，从原来谢婆太的墓祭，转移到对丘姓念二公的祠祭。而谢婆太的神位也被请入祠堂。正中的牌位上书："瑶上开基谥创裕念二郎姚淑襄谢太孺人之神位"。如今，丘氏正月初一祭祀念二郎公，正月十二祭前往谢婆太的墓地进行祭祀。

玉成学校的个案旨在说明，在粤东客家地区，女性祖先从墓地请入祠堂进行祀奉，并不是绝对的，而是需要机遇的。因为宗族祠堂修建往往与现实生活密切相关，不可能依照族谱"宪章"一一对应来建设，而是由许多实际情况制约。

男性序列的祖先崇拜系统建立以后，被儒家正统改造的女性开基祖，便以男性祖先附庸的身份请入宗祠供奉后，这其实是对于不合礼法的现象进行改造。这种文化操作在岭南其他地区也存在。刘志伟在《女性形象的重塑："姑嫂坟及其传说"》一文中显示，对于岭南女性不合礼法的情况，士大夫有一个重塑的过程，使之符合礼法②。将女性开基祖进行处理的过程，也算是一种重塑过程。但经过操作以后，其在墓祭中所享受的崇高地位被弱化与稀释，即虽然开基祖为女性祖先，但在当地一世祖的祠堂内供奉的是这些女性开基祖的丈夫。

也有婆太被请入祠堂后又被重新改造的情况。以梅县丙村仁温公祠的斋婆太为例，在族谱中为十一世，但在祖堂里被列为二世祖妣，并且是作为主祀的对象。其牌位上显示为二世祖妣的神位。并且在神龛里，从三世到九世祖先的神牌都没有，然后直接过渡到十世。这也就是说，被祭祀的祖先牌位，并不完全遵循族谱的规定去安排。可见，这位杨姓斋婆太是被特别请到这间祠堂里的。这反映宗族建构时，虽然族谱是一个宗族的"宪章"，但在族人们的记忆中，对于其族谱世系的认同还

① 丘钦享：《梅县瑶上乡玉成学校概述（兼记民国卅八年以前丘氏族况）》//丘秀强、丘尚尧：《梅州文献汇编》（第八集）（台北：梅州文献社，1978）。

② 刘志伟：《女性形象的重塑："姑嫂坟及其传说"》//《二十世纪中国民俗学经典·传说故事卷》（北京：中国科学技术出版社，2001：357）。

是有偏差的。至少在实践上,并没有完全按照族谱所建构的世系来确立自己的祖先。

总之,从族谱到祠堂是女性祖先再次被改造的过程。这一过程中,女性开基祖被完全作为配角呈现,其地位被削弱。但并非所有的女性祖先都有机会被请入祠堂祀奉,因为祠堂的创建受到现实条件的限制。

四、粤东北客家地区女性祖先崇拜现象的社会文化环境

客家地区这种崇祀女性祖先的习俗有其文化环境。客家女性以勤劳闻名,在社会生活中扮演十分重要的角色。有关客家文化的论述,客家女性是不可或缺的内容。那么,客家女性的哪些特点使得出现如此普遍的女性祖先被崇拜的现象,我们从族谱里关于女性祖先的一些特点可见一斑。

1. 开拓垦殖过程中的客家女性

这里需要重点提及的是在开拓垦殖过程中,客家女性也扮演重要角色。明末清初,粤东北地区成为一个重要的人口迁出地,他们向台湾及内陆的四川、江西等省份迁移播散,并在迁入地拓垦、繁衍,形成今天客家人分布的局面。在这些对外移民拓垦,有相当一部分是在家族女性带领下实现的。这其中最引人注目的个案,当属入川开拓的移民。

清代长乐县黄龙约(今梅州五华县转水镇)钟姓家族,在康熙年间分批入川。在入川征途中,有多个祖婆携儿孙辗转数千里,跋山涉水、不畏艰辛的创业个案。第一位为十三世俶沛公之妻黄氏,带领九子、媳、孙、曾等数十人于雍正四年(1726 年)入川。第二位是杨太孺人,生四子(成上、寅上、信上、明上),杨太孺人虽然没有亲自率子孙入川,但她大力支持儿子入川的行为,是迁徙的策划者。第三位曾氏,康熙庚子年(1720 年),时曾氏已七十岁,仍率领五子及儿媳、孙子多人,由广东长乐迁往重庆永川县开基。第四位是十二世孙敏炀之妻陈氏,生七子,敏炀公去世后,陈太孺人携七子入川。第五位九世孙兴栋,妻蒋氏,生四子(朝宦、朝宪、朝宣、朝安),蒋氏在清初携长子朝宦(未娶)、四子朝安入川。[①]

除入川个案外,在赴台拓垦过程中,也有女性祖先率子开拓的个案。蕉岭兴福

---

① (四川简阳)《颖川堂钟氏族谱》,《颖川堂钟氏族谱——四川简阳东成上(字宏予)公派》,2013 年冬续修,第 898 页。

乡浒竹村刘姓婆太。刘姓十九世祖刘伯理去世之后，其妻毅然带领二子于乾隆二十年（1755年）渡海赴台，落脚在桃园县杨梅镇枫树坑，为人佣工，挑担度日。母子克勤克俭，不出数年家道乃兴，在下河背购置田园，落户定居。刘家来台祖婆再返祖籍，迎回其夫的骨骸来台，重新建墓奉葬，完成夙愿。后子孙创立了祭祀公业，1912年又建刘氏宗祠。在宗祠前，塑有祖母携二子渡台创业的雕像，以示纪念①。

另一例是彭姓的个案。嘉庆年间，今蕉岭三圳镇石埂上某彭姓娶钟氏为妻，生缵延、缵泗、缵政三子。嘉庆甲子年（1804年），缵延前往今台湾苗栗三义乡收取租息，回程途中被船东谋财害命，推入海中淹死。家人久等多年仍不见归，于是钟氏与其子缵泗、缵政以及缵延之岳母张氏，带着缵延的三名幼子一同渡台寻找。最后因没有租约和田契，佃农不肯承认，就此失去了在台湾的所有土地，亦无路费回大陆，只好在台湾定居谋生②。这个故事载于《彭氏族谱》内，旨在告诫后代子孙财产不要外露，以免遭来横祸。但其中反映的家母（钟氏）与岳母（张氏）共居一室的情况，与今天一般经验中的家庭结构不尽相同，显示了其家庭结构的特殊性。另一方面，也体现了客家女性在社会事务参与程度上表现得非常强势。以上个案显示清代客家女性在家族创业与开拓中也扮演非常重要角色，这可能也是客家女性祖先受到崇拜的现实因素。

2. 族谱中显示的特殊婚姻形态

另外，从婚姻形态来看，这种家庭中不以男性为中心的文化现象，历史上在岭南客家地区广泛存在。今天的"入赘"，可能是一种重要的婚姻形态。所谓"入赘"，是指男性到女家成新落户的婚姻形态。客家地区，许多宗族都有女婿通过"入赘"而开基定居的例子，如蕉岭县新铺镇南山曾姓便是一例。曾姓开基人曾上寿，是林姓人的女婿。后岳父招他来南山一同耕种居住，于是便在林姓人所在的村子开基。另外，梅县松源王姓的开基与定居也是通过"入赘"的形式。松源王姓开基祖千八郎公，于明宣德年间到松源做小木生计，寄居于林姓人家里。后主人将女配给千八郎公，并建筑屋宇，成为开基之祖。这种入赘婚姻，从一个侧面体现了女

---

① 陈运栋主编：《苗栗文献》第20期（改版季刊第六期），苗栗县文化局，财团法人苗栗县文化基金会发行，2002年，第75页。

② 彭氏建墓委员会：（台湾）《彭氏族谱》，1989年，第12页。

性在族中的地位。

在祖堂内也有女婿与岳丈共同享受祭祀的个案。在梅县白渡镇莲塘背钟氏祖堂内，除供奉自己的钟氏祖先外，还供奉钟姓女婿祖先牌位。这种情况与传统父系世系原则是极不相符的。但这种包容的态度，恰恰显示了对女性在娘家地位的一种肯定。正是因为这种文化背景的存在，才使得女性开基定居的现象合情合理，也显示了女性祖先崇拜流行的深刻的社会文化背景。

3. 两套维系宗族的话语在民间的表现

当墓祭转到祠祭时，祖先崇拜便形成了两套话语。一是以族谱为中心的父系世系为代表的正统体系，二是以传统女性祖先为主的祭拜体系。前一种祖先崇拜体系是文字运用以后的结果，后一种是通过民间口传与实践而保留下来的。这两种宗族祖先祭拜形式体现在不同的层面上，这里以在中国台湾的粤东客家移民社会为例进行说明。

在笔者长期关注的粤东石窟河流域（主要范围在今广东蕉岭县境内），康熙年间，大量人口迁入台湾，同时也将原乡的社会文化带入。在开拓过程中，原有的文化被用来组织人群。其中祖先作为一个共同崇拜的对象，常被运用于组织人群。新到的垦民通过祀奉大陆某个始祖或远祖而成立的一个拓垦组织，即所谓的"祭祀公业"。在台湾早期开发史上，祭祀公业是一种重要的组织方式。以蕉岭县同福村曾姓为例，蕉岭渡台之曾姓族人，在台湾分别以他们的始祖裕振公、三世祖启沧公建立了尝会。两个尝会的尝产有土地四十甲之多。1927 年，还以裕振、启沧两祖会之基金，在台湾屏东县建有规模宏大的曾宗圣公祠。这种组织形态，台湾也称之为合约字宗族。这种宗族有明显的经济取向①，其实是大陆原乡宗族制度的一种衍伸。这种在开拓过程中形成的宗族，是以族谱文献中的某个祖先为纽带而形成的，延续文字记载的传统。

与此相对应的是，女性祖先崇拜较少被移民用作凝聚宗族的纽带，但有关的传说也在移民中保留下来。以蕉岭县同福的曾姓为例，其聂氏与范氏祖婆开基的传说

---

① 李祖基：《晚清台湾社会的转型及其特征》（厦门大学学报·哲社版 1996，4 期：86 – 90 + 105）。

也随着移民带到台湾，并且长期流传①。在大埔县高陂镇一刘氏家族，原乡祀奉的也是婆太。其后裔迁到台湾后，还常常回乡祭祀婆太，甚至有不能亲自回来的后裔寄钱托原乡的宗亲帮他祭祀婆太的事实②。当然，这种女性祖先崇拜的传统，因在台湾新移民社会中缺乏文化实践，已渐渐被族谱文献记载的传统所取代。

五、结　语

女性祖先崇拜，是粤东北客家地区一个特殊的文化现象。这些被崇拜的女性，可能是一个，也可能是两个，她们的关系可能是姒娌，也可能是婆媳。她们都对宗族起源与发展发挥重大作用。宗族成员每年会在固定的日子里前往其墓地进行祭拜，通过祭拜活动维系宗族的凝聚力。

随着父系世系的宗族原则进一步普及，民间开始修族谱，从文本上确立宗族的世系，然后又通过建祠堂以祭祀历代祖先。在这种情况下，宗族的系世经历了从墓地到族谱，再到祠堂的发展过程。这是一个宗族不断凝聚的变迁过程③。但这是将祖坟理所当然地认为成男性祖先的结果，只有祖先是男性，坟墓、族谱与祠里的世系才可以做到一脉相承。在粤东北地区以女性祖先崇拜宗族要适应这一套制度的变迁，就需要一番操作与变通。有的宗族在族谱里直接将女性祖先定为一世祖妣，虚构一个男性开基祖先，使之符合礼制，并以此为基础建构宗族的世系，也有的族谱完全抛开这个现实中被崇拜的女性祖先而另外建立一套世系。

在族谱的基础上，宗族成员将祖先的神牌请入祠堂祭祀，女性祖先的地位又经历了一次变化。女性祖先在进入祠祭这个阶段，遇到现实的限制。因为并非每个宗族都会建立总祠，所以一些女性开基祖并不能进入祠祀，而仍然以墓祭的方式进行祭祀。也有一些以开基祖妣的身份进入祠堂，享受祠祀，不过其地位已经被弱化。

在修族谱的过程中，宗族的制度越来越完备，越来越规范。原来由女性墓祭的方式维系的宗族转为由父系世系原则主导的族谱、祠祭等方式维系。但笔者在田野

---

① 笔者曾遇一位同福曾姓后裔回乡打听"聂氏坡"这个地名。因为其长辈说，这是一个很重要的祖先祭祀场所。

② 2007年10月3日，大埔县桃源镇口述访谈，受访者：刘秋镜，86岁。

③ 王日根：《从墓地、族谱到祠堂：明清山东栖霞宗族凝聚的变迁》（历史研究，2008年第2期，75 - 97）。

考察中发现，现今婆太崇拜在客家地区仍普遍存在，有关祭祀活动每年都还在举行。这一方面有社会惯性的原因，另一方面也是因为有的女性祖先未被列入族谱与祠堂。

这里必须说明的一点是，女性祖先崇拜与所谓的"世系群"理论中的母系世系群没有必然的联系。因为在有女性祖先崇拜的宗族中，并没有发现母系单系群体的出现，参与祭祀活动的人都是男系世系的成员。即便是外祖婆信仰，其参与者是父系世系的成员。这一点与母系单系世系群体是有区别的，这也显示了客家地区女性祖先崇拜的独特性。

"言""形"雅正：
近代广东方志中的"客家"书写与建构①

刘和富②　朱发冰③

摘　要：清咸同年间，广东西路土客大械斗基本平息后，土客矛盾冲突由武力械斗转向文字攻讦。地方志作为文本建构的重要场域，在近代客家族群建构运动背景下，面对土民在方志领域对客民语言文化、身份血统、客民形象等方面的污名化，广东客家区域的地方文化精英通过编纂方志，尤其是"世界客都"梅州利用光绪《嘉应州志》对客家方言的阐释以及"客民安插地"赤溪借用民国《赤溪县志》对土客大械斗事件的书写，以达到方志编纂者建构客家文化正统、中原血统及重塑客民正面形象的意图。

关键词：近代；广东；地方志；客家

广东西路土客大械斗基本平息后，土客之间冲突方式从武力械斗转向文字攻讦，双方围绕彼此的语言、习俗、身份及大械斗等问题展开激烈争论。近代广东客籍人群政治文化力量空前发展，面对土民在文本领域对客民的诋毁及污名化，黄遵宪、丘逢甲、温仲和、赖际熙、温廷敬等客籍学者利用报刊、乡土教材、方志等文本媒介进行辩驳，将其演变成大规模的客家族群建构运动。学界虽从报刊、乡土教材等

---

①　本文为江西省高校人文社会科学项目（LS20206）的阶段性成果。

②　作者简介：刘和富，1990 年 5 月生，男，江西赣州人，历史学博士，硕士生导师，赣南师范大学文旅学院讲师，研究方向为区域社会史。

③　作者简介：朱发冰，1998 年 11 月生，男，江西吉安人，赣南师范大学文旅学院硕士。

文本媒介出发探讨了客家的族群建构问题，却少有从地方志文本出发进行研究的①。地方志作为一种特殊的官方写本，具有较强的主观选择性和局限性，方志编纂者往往会本着地方的利益诉求，尽可能将本区域人群的观念、意图纳入地方志编纂中，建构地方文化或重塑人群形象。故本文在理清近代客家族群建构运动的大背景下，试图从"客民"看"客家"以及"土民"看"客家"的双重视角出发，对比与分析土客双方在地方志中对"客家"的书写与描述，重点考察"世界客都"光绪《嘉应州志》对客家方言的阐释以及"客民安插地"民国《赤溪县志》对广东西路土客大械斗事件的书写，以此探讨广东客籍文化精英在地方志领域对客家族群的形象建构。不当之处，敬祈方家正之。

一、近代广东方志中的客家族群建构

"客家"称谓的由来一直为学界所争议，有学者认为"客家"称谓获得是族群互动的结果，在族群间互相隔膜与歧视的背景下，最初乃是福佬人或广府人对客民的"他称"或"误称"②。明末清初之际，为论证客民社会身份的正宗性与合法性，在族谱编纂过程中强调中原血统，将客民与其他人群划分，利用当时逐渐俗成的名词，自称为"客家"，此后"客家"一词逐渐见诸各种文献记载，开启了客家族群的自身建构过程③。清代咸同年间，广东西路爆发了一场持续十三年，波及鹤山、恩平、开平、高要、高明、新兴、新宁、阳春、阳江、新会、四会、罗定、东安（今云浮）、西宁（今郁南）、电白、信宜、茂名等十七县的土客大械斗，郑德华、刘平等学者对于这次械斗有详细的阐述与论述④。然事后土客矛盾并未消除，土客

① 主要研究成果：李文良：《清初台湾方志的"客家"书写与社会相》（《台大历史学报》，2003年第31期）；周建新，柴可：《"客家摇篮"的文化传播与建构——以〈赣南日报〉为中心的分析》[《广西民族大学学报》（哲学社会科学版），2011年第6期]；刘和富：《民国〈赤溪县志〉方言书写与客家形象建构》（《中国地方志》，2016年第7期）；肖玉琴：《地域文化建构中的媒介动员：以客家文化为例》（《中南民族大学学报》（人文社会科学版），2017年第1期）等。

② 谢重光：《也论客家称谓正式出现的时间、地域和背景》（《福建省社会主义学院学报》，2007年第3期）；刘丽川：《"客家"称谓年代考》[《北京大学学报（哲学社会科学版）》，2001年第2期]。

③ 陈支平：《福建族谱》（福州：福建人民出版社，2009年，第278–279页）。

④ 郑德华：《广东中路土客械斗研究》，香港大学博士学位论文，1990年；刘平：《被遗忘的战争——咸丰同治年间广东土客大械斗研究》，北京：商务印书馆，2003年。

之间的冲突方式从武力械斗转向文字攻讦，双方利用个人著作、地方志、乡土教材、报刊等文本围绕客民的语言、习俗、身份及大械斗等问题展开激烈争论，"土客之争"愈演愈烈。

具体到方志领域，"客家"一词作为土民对客民的"他称"，土民时常在方志文本书写过程中对客民有意污名化。早在清代雍正《揭阳县志》便有记："猺贼暴横，欲杀尽平洋人，憎其语音不类也。①""平洋人"纂写的县志，将"客"书写成"猺"字，在语言文化、身份血统上进行诋毁与抨击。咸同年间，广东西路土客大械斗后，土民对客家污名化持续扩展，广东方志关于此类记载广泛存在。如同治《新会县志》、光绪《新宁县志》等方志沿用雍正《揭阳县志》之说，称土客大械斗中的客民为猺贼。光绪《四会县志》则将"客民"附于"猺蜑"目下，"或曰猺，乃犭之讹"②，将客家人与犭等同。民国《增城县志》亦记："（增城土著）语音与番禺无甚异，近山者刚而直，近水者清而婉，士大夫多解正音，见客不屑方言。惟山僻之民，侏离渐染，且以土字相杂，陈诉公庭，辄假胥吏达之。至若客民隶增者，虽世阅数传，乡音无改，入耳嘈嘈，不问而知其为异籍也。③"由此可见，清初至民国时期，广东土民在方志领域持续对客民污名化，主要表现在语言、身份以及土客大械斗是非等问题书写上的歧视与排斥，视客家方言为"南蛮舌入耳嘈嘈"，视客民为仡佬等少数民族，视土客械斗中的客民为客匪等。刘有安指出，迁入地居民对移民群体具有较强的排斥与歧视，移民在文化适应中常常会被迁入地居民赋予污名化称谓，"客家人"在迁居地遇到过各种污名化称谓④。

广东土民在方志领域对客民污名化的同时，客民也在方志领域逐渐进行族群的建构。嘉靖《香山县志》记载："故有客话，有东话。客话，自城内外及恭常之半为一，通于四境……及黄梁、古岭近新会亦皆曰客话"⑤，此为目前广东地方志所见最早称"客话"的文献。康熙《永安县志》（今紫金县）则记有："民多贫，散轶

① 雍正《揭阳县志》卷3《兵事》，北京：中国书店，1992年，第147页。
② 光绪《四会县志》卷1《舆地志》，上海：上海书店，2003年，第128页。
③ 民国《增城县志》卷1《舆地》，广州：岭南美术出版社，2007年，第60页。
④ 刘有安：《移民文化适应过程中的"污名化"现象研究》，《华南农业大学学报（社会科学版）》，2009年第2期。
⑤ 嘉靖《香山县志》卷1《风土志》，广州：岭南美术出版社，2007年，第10页。

遍赋，县中雅多秀珉，其高祖父多自江、闽、潮、惠诸县迁徙而至，名曰客家"①，此亦为广东最早称"客家"的方志文本之一。明末清初之际，广东地方志虽有"客话""客家"等称谓，但这些称谓多是方志编纂者的简要记述，族群自我建构意识并不明显。至咸同土客大械斗以后，广东客语人群政治文化力量空前发展，黄遵宪、丘逢甲、邹鲁、温廷敬、温仲和、赖际熙等人学术造诣颇深且兼具地方政治影响力，他们逐渐将日常生活中由于语言和习俗差异而产生的体验，发展为一个超越了乡族界限和行政区划范围的种族观念，客家逐渐发展成为一个有某种族群自觉意识的群体②。

地方志作为客家族群建构的一个重要文本，亦是客家区域进行客家族群建构的重要文化场域。随着近代客语人群政治文化的发展，广东客家精英掌握了大量方志书写编纂权，如温仲和历时 8 年总纂成光绪《嘉应州志》；温廷敬以广东通志馆总纂主持全馆工作，总纂民国《广东通志未成稿》与民国《大埔县志》，参纂民国《潮州志》等；邹鲁任广东通志馆馆长，与温廷敬编纂民国《广东通志未成稿》；赖际熙总纂民国《赤溪县志》与民国《增城县志》；罗献修纂光绪《兴宁乡土志》等地方志。上述客家学人所纂广东方志，又以客家核心聚居区"世界客都"嘉应州（今梅州）以及"客民安插地"赤溪县的方志编纂最具典型意义，光绪《嘉应州志》与民国《赤溪县志》成为客家族群在方志领域建构族群形象的两个重要文本，二者在逻辑上亦存在继承与递进关系。

在社会文化史视野下，地方志颇有从研究史料走向研究主题的趋势，地方志作为一种包含建构成分的"文本"，学者越来越关注方志自身产生过程中的社会历史情状、权力和观念。③ 客家文化精英作为地方志的主纂、总纂或分纂，在方志编纂过程之中，或多或少地会将自身族群的"私家历史"纳入地方志这一"公共历史"。温仲和编纂的光绪《嘉应州志》将大量客家方言融入地方志之中，为广东客家区域地方志对客家人第一次全面系统的描述，开启了方志领域对客家从"他称"到"自称"的历程。赖际熙所编纂的民国《赤溪县志》则在继承光绪《嘉应州志》"方言

---

① 康熙《永安县志》卷 17《风俗》，广州：岭南美术出版社，2009 年，第 260 页。

② 陈春生：《地域认同与族群分类——1640-1940 年韩江流域民众"客家观念"的演变》，载《近代中国社会与民间文化》，北京：社会科学文献出版社，2007 年，第 38-67 页。

③ 李晓方：《社会史视野下的地方志利用与研究述论》，《中国地方志》，2011 年第 7 期。

篇"的基础上，又对咸同年间广东土客西路土客大械斗事件及客民形象进行了深度描写，凸显了客家人对自我族群意识的表达。故下文试以光绪《嘉应州志》与民国《赤溪县志》为中心，重点考察近代广东客家区域的地方文化精英利用对客家方言的阐释以及土客大械斗事件的书写，在方志领域展开客家族群建构运动，以达建构客家文化与重塑客民形象的意图。

二、文化正统与中原血统：光绪《嘉应州志》对客家方言的书写

清代咸同年间，土客大械斗波及十七县，事后大多县皆编纂县志，按照罗香林对广东纯客家县与非纯客家县的划分，十七县除了赤溪为纯客家县以及鹤山、开平、阳春、罗定、信宜等少数几个为非纯客家县，[①] 械斗波及的十七县大多为土民所居之地。通过对这些县域土客大械斗结束后至民国期间土民所纂地方志进行的调查，其中有"方言"记载的有光绪《茂名县志》、光绪《罗定县志》、光绪《信宜县志》、宣统《高要县志》和民国《恩平县志》等五部县志。其中民国《恩平县志》的篇幅最长，多达十几页；其次是光绪《茂名县志》与宣统《高要县志》，最少的是光绪《罗定县志》与光绪《信宜县志》。

近代广东土民在方志领域对客家方言的书写大多具有明显歧视性。宣统《高要县志》卷五《地理志》附录"方言"记载："县境高山大川，风气峭直。音亦类之，语有三，曰官语，曰乡语，曰猺语。官语，惟城郭之人及乡人有识者能之；猺语，近山之人亦喻焉。"[②]"猺"在《词源》中解释为兽名或旧时对我国瑶族的侮辱性称谓，当时客家族群多以近山为居住地，县志编纂者将客家方言归为"猺语"以及将客民等同于"瑶"（未开化的"异种"），颇有诋毁与贬低之意。民国《恩平县志》具有类似记述，"谓平人曰佬"[③]，"佬"即乞佬族，其族源与古代獠人有关，同将客民视为乞佬族。民国《罗定县志》卷一《地理志》"方言"目有言，"万历未开州以前，其土著与猺獞杂处"[④]，亦将客民等同"猺""獞"，"獞"也是古代对壮族的侮辱蔑称。前文也提及，光绪《新宁县志》与光绪《四会县志》中将"客"

---

① 罗香林：《客家源流考》，北京：中国华侨出版公司，1989 年，第 53，54 页。
② 宣统《高要县志》卷 5《地理志》，台北：成文出版社，1974 年，第 188 页。
③ 民国《恩平县志》卷 4《舆地志》，广州：岭南美术出版社，2009 年，第 188 页。
④ 民国《罗定志》卷 1《地理志》，广州：岭南美术出版社，2009 年，第 295 页。

书写成"猺",以"犭"加之,以兽比之。上述土民对客家方言的描述,将客民喻为未开化的少数民族,视客家方言为"南蛮舌",土民在书写客民身份及语言过程中带有明显的歧视意图。

客家方言作为客家人群的维系纽带,亦是区别于其他族群的重要标识。王东《那方山水那方人:客家源流新说》一书将"客家"视为一个方言群,并指出在追溯客家方言群的源头时,语言与文化的继承性才是首要考量,而地域一致性却并非至关重要①。苏宗铮同样指出,客家方言与客家民系相伴生,同发展,共形成,客家方言成了客家人有别于其他民系的重要特征,客家方言理所应当成为界定客家人的首要标注②。可见客家方言不仅仅是客家人群的维系纽带,也是族群认同的重要标志,同时客家方言与客家人形成源流是紧密联系在一起的。换句话说,客家方言不仅仅是客家族群外在表现最明显的特征,同时也反映着客家族群的身份与文化,客家方言毫无疑问是客民建构客家族群形象的重要选择。

在晚清民国时期土民书写的方志中,将嘉应州方言视为客家方言的代表性之一。如光绪《茂名县志》卷一《舆地志》下"风俗"目附有方言,"县志乡音有三种,其城邑及西南北三方与信化及广肇相类,谓之白话;南之东与电(白)类,谓之海话、东话(又曰讲黎);东至电(白)与嘉应、阳春类,谓之哎话。③"光绪《信宜县志》卷一《舆地志》附录"方言"亦有相同记载:"信宜乡音两种,旧图近广州谓之白话,新图近嘉应谓之哎话。④""哎话"即客家话,二志皆将类似于嘉应州的方言称为"哎话",由此可知在茂名与信宜两地的县志编纂者看来,嘉应州作为客民核心聚居地,嘉应州方言已成为客家话的代表性语言之一。土民所书写地方志中的视客民为少数民族及客家方言为土音甚至"鸟语"等负面形象。面对土民对客民的身份血统与语言文化的诋毁与抨击,后期客民在编纂地方志时努力挽回或重塑客民的身份与文化。客家方言作为客民的重要族群特征,而嘉应州方言又是土民眼中客家方言的典型代表,至光绪年间嘉应州纂修地方志,编纂者确实对方言进行了深

① 王东:《那方山水那方人:客家源流新说》,上海:华东师范大学出版社,2007 年,第 36 页。

② 苏宗铮:《客家方言是界定客家人的首要标准》,黄钰钊主编《客从何来》,广州:广东经济出版社,1998 年,第 380 页。

③ 光绪《茂名县志》卷 1《舆地志》,台北:成文出版社,1967 年,第 45 页。

④ 光绪《信宜县志》卷 1《舆地志》,广州:岭南美术出版社,2009 年,第 346 页。

度描写。

清光绪二十四年（1898），温仲和应嘉应州知州吴宗焯之邀请主持修纂《嘉应州志》。温仲和（1848—1904），字慕柳，别号柳介，嘉应州（今梅县松口大塘村）人，光绪十五年（1889）进士。温仲和为广东清代著名学者陈澧之弟子，与黄遵宪为同窗，与丘逢甲、何寿朋等人一起创办岭东同文学堂，倡导新学。温仲和与黄遵宪、丘逢甲等人皆是当时广东客语群体的代表人物，亦为早期客家研究之先驱。这些著名客家知识分子有着浓郁的客家情结，族群认知与认同意识明显，极力挖掘客家文化，着力提高客家在社会上的声誉和地位①。

温仲和总纂的光绪《嘉应州志》，正文分为图说、沿革表、晷度、山川、水利、物产、方言、礼俗、城池、廨署、桥渡、古迹、食货、仓储、兵防、学校、祠祀、官师表、宦迹、选举表、任宦表、封赠表、人物、忠烈表、耆寿表、烈女、节孝表、方外、艺文、灾祥、寇变、丛谈等 32 卷。与此前州志相比，温仲和在其编纂的《嘉应州志》中把大量的客家表述融合其内，这是以前嘉应州方志未有的现象，尤其是专辟《方言》一卷对客家文化进行了详细阐述。在近代客家族群建构运动的背景下，面对广东土民在方志领域对客家文化与身份血统的污名化，客家方言作为客家人群的身份标志与最显著的特征，掌握方志书写权的客家著名学者温仲和，基于自身族群背景在方志编纂过程中对客家方言进行书写与阐释，尽力重塑和建构客家语言文化的正统性与身份血统的合法性。

光绪《嘉应州志》卷七为方言卷，收集了嘉应州及所属兴宁、长乐、平远、镇平四县的客家方言，这些地方与潮州府的大埔县、丰顺县，惠州府的永安县、龙川县、河源县、连平县、长宁县、和平县、归善县、博罗县等地语音类似，"广州之人谓以上各州县人为客家，谓其话为客话"②，经梁居实、饶集容、梁国璠初辑及温仲和复辑，逐渐将这些日常客家生活用语书面化，最终形成的《方言》达 90 页，共计 282 条客家方言。

《方言》篇幅的长短反映着内容的翔实和多寡。光绪《嘉应州志》的《方言》

---

① 王濯巾：《论黄遵宪的客家情结》，《嘉应学院学报（哲学社会科学）》，2005 年第 4 期；陈新权：《浅论黄遵宪与客家文化》，《客家研究辑刊》，2006 年第 1 期；罗可群：《丘逢甲与客家文学》，《学术研究》，2000 年第 5 期。

② 光绪《嘉应州志》卷七《方言》，台北：成文出版社，1968 年，第 121 页。

内容异常丰富，每条方言记载内容各不相同，几乎涉及了客家人的所有日常用语。从光绪《嘉应州志》卷七《方言》内容上丰富多样，按所载每条方言所述内容而言，大致划分为亲朋称谓类、肢体语言类、情感性格类、鸟兽动物类、时间气候类、衣食住行类、谚语、其他日常用语等，又以衣食住行类方言为最，多达56条，时间气候类方言最少，仅为8条。从方言的书写顺序来看，最先书写亲朋称谓类方言，以亲戚称呼方言居多，在编纂过程将长辈称呼置于最前，体现出客家是一个有着浓厚礼仪与辈分等级分明的族群（表1）。

表1　光绪《嘉应州志》卷七《方言》

类别	内容	数量
亲朋称谓类	父母统称曰爷娘亦曰爷哀，父曰阿爸、阿爹，母曰阿姆、阿妈、阿妳，祖父曰阿公，祖母曰阿婆，……	29
肢体语言类	脑盖谓之脑囟，骂人轻听曰脑囟不合，颐下谓之顄，牙根谓之龈，颈谓之颈，强项曰硬颈，立谓之企，卷谓之绷……	25
情感性格类	智谓之精，愚谓之悫亦谓之戆，黠谓之鬼黠，诈谓之徼，谓人勤俭曰作家，谓人变性曰改常，忿怒谓之生气……	49
鸟兽动物类	卵谓之春亦谓之蛋，鸡伏卵谓之菢卵，呼鸡曰朱祝，猪圈曰猪栏亦曰猪厨，鼠谓之老鼠，跳蚤曰狗虱……	14
时间气候类	历时久谓之恁日，明日曰晨朝，日后三日曰大后日，昨日曰前奔日或曰秋奔日，骤雨乍晴曰过云雨……	8
衣食住行类	肉变味曰朽，饭变味曰馊，被一床曰一欢，席一具亦曰一欢，捞饭器谓之笊箩，渍菜曰淹渍肉亦曰腌……	56
谚语	鯆鱼头鲢鱼肚，八月蚊生牙九月蚊生角，猪来穷狗来富野猫来着麻布，云罩中秋月雨打上元镫……	13
其他日常用语	富谓之发，贫谓之括，祭谓之馈，烂谓之縣，初生肥嫩曰苯，肥谓之脦，妇人分娩谓之轻……	88

纵观光绪《嘉应州志》每条方言，温仲和等州志编纂者皆对其有所"案"，如"智谓之精"方言条记述：

　　智谓之精。案：《礼记》，缁衣精知略而行之。《说文》，精择也。《广韵》，精明也。《荀子》，智斌赋血气之精也。州俗谓人有心计者，或曰精明，或曰精智，或称精灵。而单称之，则曰精，或谓之精致。《唐书·崔元翰》，好学不倦，用思精致。《宋史·历律志》，宣和玑衡之制，详密紧致。①

"智谓之精"此条方言采用了《礼记》《说文》《广韵》《荀子》《唐书》《宋史》等典籍对其音义来源进行释读。对于光绪《嘉应州志》每条方言皆有所"案"的问题，土民书写方志中亦有所提及，如光绪《茂名县志》云："新语土音往往有所本"②，宣统《高要县志》亦谓："土言多有所本，其可通于高要者并录于此。平人曰獠，《北史》：周文帝讨诸獠，以其牲口为贱隶，谓之压獠，威压之也。"③ 对比光绪《嘉应州志》与宣统《高要县志》对方言的引证，二者存有较大差别，这种差别不仅体现在引证典籍数量上，而且还体现在引证内容上。宣统《高要县志》引证内容中"诸獠""贱隶"等多是诋毁、贬低之语，而光绪《嘉应州志》引证内容中的"精灵""好学不倦"等多为美化、赞誉之词。可见，土客双方基于自身族群观念，在对客家方言的引证上都带有较强的主观意图。

光绪《嘉应州志》所载每条方言，皆引证典籍古音古义去阐释与论证。对282条方言引证典籍初步统计分类，可分为先秦古籍、正史、训诂学著作、儒家典籍、古诗古词等类型。先秦古籍有《左传》《吕氏春秋》等，正史有《史记》《汉书》等，训诂学著作有《尔雅》《说文》等，儒家典籍有《论语》《朱子》，古诗有《木兰诗》、杜甫诗等，几乎涉及所有经典古籍，每条客家方言皆有所本，诚如温仲和在方志中所言"今编方言以证明古音为主，而古语之流传、古义之相合者，一一证明之"④，以此来论证嘉应州方言乃至整个客家方言与中华正统文化之间的关系，而非土民所言"异文化"。

历史上的人口变迁会导致方言的消亡、更替、融合、并用等演化⑤。反之，透过方言亦可窥测方言背后人群的人口变迁。光绪《嘉应州志》除记282条方言外，亦于"方言"后案其源流，追溯嘉应州客家族群的历史迁徙，州志有记："客家多

---

① 光绪《嘉应州志》卷七《方言》，台北：成文出版社，1968年，第90页。

② 光绪《茂名县志》卷一《舆地志》，台北：成文出版社，1967年，第45页。

③ 宣统《高要县志》卷五《地理志》，台北：成文出版社，1974年，第188页。

④ 光绪《嘉应州志》卷七《方言》，台北：成文出版社，1968年，第122页。

⑤ 周振鹤，游汝杰：《人口变迁与语言演化的关系》，《上海社会科学院学术季刊》，1986年第4期。

中原衣冠之遗，或避汉末之乱，或随东晋、南宋渡江而来。"① 迨至民国时期，赖际熙《赤溪县志》纂修"方言篇"载有 49 条客家方言，"兹编方言多参照《嘉应州志》，其引证诸书古音古义有合于县俗称谓者，亦采入之，并附注客族源流于此，以备后之览者知客话之所由起。②" 民国《赤溪县志》在光绪《嘉应州志》的基础上进一步指出，"据各州县志乘所载，则谓其先世具系中州黄光间遗族。在汉晋间南迁江、浙、闽、赣诸省，至五代南汉时，复由闽之汀州、赣之赣州转徙而来，分局以上各州县。③" 清代客家论述对中原起源的强调，很可能是客家在斗争中被指称"蛮族"，使客家在当时国家意识形态脉络中处于不利地位。④ 温氏与赖氏纂修地方志，于"方言"后附录其源流，详细阐述了广东客家族群的迁移历程，以此说明客家人群并非土著人所言的"犵""猺""獠"等"蛮族"，论证其"中原衣冠之遗"的身份血统，也有助于朝廷在处理土客矛盾之时提高对待客民的态度。

对于土民蔑视客家方言，客民不仅以客家方言来论证客家文化与血统的合法性，而且还自扬客家方言优点以及抨击土民语言之缺点。"然在大江以南诸省说客话者，所在蕃殖，不独两广有之。虽其声音各因水土之异，宜或随之而变，微有高下，特其中多含正音，古韵流传不失，而随处皆可八九相通，故说客话之人，无论何州县，一经觌面，便可接谈。以视广肇土话，复杂多种，稍隔一县，或稍距数里，即彼此不能通晓者，未可同日而语。⑤" 客民书写地方志在褒扬客家方言优点的同时，也指出土民语言的缺点，有着明显的"褒客抑土"之嫌疑。

光绪《嘉应州志》编纂者温仲和等客家学者对方言篇进行了书写，每条客家方言引用典籍的古音古义，阐释了客家方言在音义上继承古汉语系统，进而证明了其为古汉语的"活化石"。特别是客家方言大量采用儒家经典，以图说明儒家文化为客家文化的核心，从古汉语与儒家文化角度去塑造客家文化为中原文化的正统。温氏于"方言"后案有客家源流，方言之源流反映着方言背后族群之迁徙，从方言角

① 光绪《嘉应州志》卷七《方言》，台北：成文出版社，1968 年，第 121 页。
② 民国《赤溪县志》卷二《舆地下》，台北：成文出版社，1967 年，第 51 页。
③ 民国《赤溪县志》卷二《舆地下》，台北：成文出版社，1967 年，第 50 页。
④ 陈永海：《作为中国国族事业的客家言说——从香港看近代客家文化认同性质的变迁》，《香港客家》，南宁：广西师范大学出版社，2005 年，第 19－37 页。
⑤ 民国《赤溪县志》卷二《舆地下》，台北：成文出版社，1967 年，第 50—51 页。

度出发论证了客家族群身份血统为中原衣冠之遗，达其所言"今考方音自宜借经相证，其间相通者，盖十之八九，以此愈足证明客家为中原之衣冠之遗，而其言语皆合中原之音韵"① 之目的。光绪《嘉应州志》编纂者对客家方言的书写，论证了客家语言文化的正统性与身份血统的合法性，以此反驳土民在地方志中对客民的语言文化、身份血统的污名化。

三、改贼为勇：民国《赤溪县志》重塑土客械斗中客民形象

前文述及，土民书写地方志对客民的污名化，除了对客家语音文化和身份血统进行抨击以外，还对广东土客大械斗事件中客民形象进行诋毁。关于咸同年间这场土客大械斗，起初最先于咸丰四年（1854）开始于鹤山县，后波及 17 个州县，新宁、恩平、开平、鹤山等地更是械斗的主战场，然这次土客大械斗因太平天国运动、洪兵起义、第二次鸦片战争等关系国家社稷事件，被清政府视其为"民间私斗"而未予重视，后世学者称其为"被遗忘的战争"。这场械斗持续到同治六年（1867年）十二月，广东巡抚蒋益澧与两广总督瑞麟联合上疏，奏割原属新宁县属潮局都的赤溪、曹冲、磅磈、铜鼓、深湾、腰古、金头等地，矬峒都之田头堡及冲金、长沙、大麻、小麻等地设立赤溪厅（后改为县）②。至此，清政府以划界分疆、设厅分治的形式基本平息了广东西路土客大械斗。土客大械斗基本平息并不意味着土客矛盾完全消除，彼此间仍发生着摩擦与冲突，甚至械斗仍有发生，"同治七年，（新宁）客匪自乱，总兵郑绍忠领兵来县，再剿长沙贼寨，获贼首吴福祥等八十余名，诛之。③"不过此后土客双方斗争已从武力械斗延伸至文字攻讦，双方在方志文本中进行文诛笔伐，围绕大械斗事件祸起缘由及土客形象等问题展开了激烈争斗。

广东西路土客大械斗结束后，掌握地方志书写主导权的土民精英对此次械斗事件记述与重构，在地方志中多将械斗祸起缘由归于客民，客民亦多是负面形象。例如，民国《恩平县志》将战争祸起归于客民，"客难猝发，请县吁乞剿办，遂概弗许，徒以土客械斗批行解散，客人之祸愈不可收拾矣。④"光绪《广州府志》多称客

① 光绪《嘉应州志》卷七《方言》，台北：成文出版社，1968 年，第 123 页。
② 民国《赤溪县志》卷八《开县事纪》，台北：成文出版社，1967 年，第 187－188 页。
③ 光绪《新宁县志》卷十四《事纪略下》，广州：岭南美术出版社，2007 年，第 332 页。
④ 民国《恩平县志》卷十四《纪事二》，台北：成文出版社，1974 年，第 641 页。

民为"客贼""客逆",而称土民为"土勇",如"(同治二年)五月初五日,客贼阳击甫草,阴攻沙澜洞、旗尾山、海棠,复被焚劫。新宁捷胜局与开平元胜局勇联剿客逆,收复大门、深井、新旧富坑一带……冬十月,新宁土勇攻破大湖山贼巢。①"又以光绪《新宁县志·事纪略下》为例,从咸丰六年之前事纪并无"客匪""客贼"字样,咸丰六年至同治七年后事纪,"客贼""客匪"字样随处可见,初步统计,仅8页就多达67处②。刘平指出,除了客家翰林出身的赖际熙主持编纂的民国《赤溪县志》外,一般地方志如光绪《新宁县志》、光绪《四会县志》、宣统《恩平县志》、民国《开平县志》等莫不视客家为"贼",为"匪",为"异种"③。纵览近代广东地方志,土民所书写的方志多将客民书写成"客匪""客贼",用"焚""攻陷"等词语把客民描述成烧杀抢掠之徒,带有"抑客扬土"之嫌。

面对土民在方志领域针对土客大械斗事件对客民进行诋毁,掌握地方志书写权的客家文化精英试图在方志领域对广东西路土客大械斗事件以及客民形象进行重塑,以此反驳土客大械斗中土民对客民的污名化。赤溪县作为大械斗的"客民安插地",赤溪县志书编纂毫无疑问成为客民反击土民的重要方志文本。因金武祥编纂的《赤溪杂志》2卷仅56页④,多述赤溪地望、物产,篇幅过于简略。民国五年(1916年),赤溪知县王大鲁倡修县志,聘请赖际熙为县志总纂。

赖际熙(1865—1937),字焕文,号荔垞,广东增城人。光绪二十九年(1903年)进士,曾先后任翰林院庶吉士、编修、国史馆纂修及总纂。这些人生履历都为其后编纂《广东通志》《增城县志》《赤溪县志》等地方志奠定了基础。赖际熙身兼一个重要身份,他为崇正总会的发起者以及第一至第六届会长,崇正总会为首个标榜海内外客家群体的社团组织。为了配合香港崇正总会创建,赖际熙耗时5年纂成15卷本的《崇正同人系谱》,此著作为现代客家研究的奠基之作。在《赤溪县志》收集资料与编纂过程中,赖际熙本身作为客家人,对客家历史文化有着深入和全面的了解,自身的客家感情色彩无疑会在民国《赤溪县志》编纂中打上客家族群的

① 光绪《广州府志》卷八十二《前事略八》,台北:成文出版社,1966年,第442页。

② 光绪《新宁县志》卷十四《事纪略下》,广州:岭南美术出版社,2007年,第324–332页。

③ 刘平:《被遗忘的战争——咸丰同治年间广东土客大械斗研究》,北京:商务印书馆,2003年,第16页。

④ 光绪《赤溪杂志》,《广州大典》第221册,广州:广州出版社,2015年,第381–416页。

烙印。

赖际熙编纂民国《赤溪县志》成书于民国九年（1920 年），共计 8 卷 45 目或附目，分别为卷一《舆地志（上）》、卷二《舆地志（下）》、卷三《建置志》、卷四《经政志》、卷五《官职志》、卷六《人物志》、卷七《纪述志》和卷八《附录》，该志全面记载了赤溪县从清同治六年（1867 年）到民国初年 50 多年的政治、地理、经济、文化等。民国《赤溪县志》除了继续《嘉应州志》卷 17《方言》以外，还附编《赤溪开县纪事》一卷阐述了广东土客大械斗事件。郑德华指出，《赤溪县志》在史料价值上有三个独特之处，其中之一是有关咸同年间广东土客大械斗的记述。[①]赖际熙针对土民在土客大械斗事件中对客民的诋毁，赖氏专附录《赤溪开县纪事》一卷对这次大械斗祸起缘由、孰是孰非、客民形象等问题作出了回应与反驳。

面对大械斗孰是孰非问题，两广总督郭嵩焘在《前后办理土客一案缘由疏》采用分段论方法对这次土客大械斗做了较为理性的分析："谓论事之缘起，为匪者土民，助攻匪者客民，客民顺而土民逆。论事之终竟，为匪者乱民，与土绅无与，客民因以土匪而助官，其蓄意已深，因剿匪而戕及土绅，抄蔓无已，其用杀尤惨。迨后窜踞广海寨城，至于抗官犯顺，是土民顺而客民又逆。而总论其大势，则土客两家固不可以理喻，不可以情感，不可以势压。[②]"然在土民书写地方志中多将械斗起因推给客民，如民国《恩平县志》载有恩平土绅吴桐《甲寅寇警》诗云："祸首何人擅主谋，借公只欲报私仇。匪予族类偏同好，多尔婚媾翻作仇。鹬蚌同遭渔福害，云天更切杞人忧。全奸古有秦长脚，今日横来罪更优。（祸起私绅聘客攻土，余力争不听，亦人事之中天数也）[③]"而民国《赤溪县志》所载，械斗之初"为贼者多土属，人闻剿，惧之，乃煽布谣言，谓客民挟官划土，土众惑之，因是仇客分声，乘势助匪杀掠客民，客民起而报复，遂相寻衅，焚掳屠戮而成械斗矣。[④]"在赖氏等客籍编纂者则认为械斗乃土民挑起而非客民，努力将客民塑造成正义角色。

"何人为匪"问题也是土客双方争夺焦点，广东土民所编纂的地方志"悉以叛

① 郑德华：《赤溪县志之史料价值》，谢剑、郑炎琰编：《国际客家学研讨会论文集》，香港：香港中文大学亚太研究海外华人研究所，1997 年，第 665—673 页。

② 郭嵩焘：《郭嵩焘奏稿》，长沙：岳麓书社，1983 年，第 198 – 199 页。

③ 民国《恩平县志》卷二十二《艺文二》，广州：岭南美术出版社，2007 年，第 1237 页。

④ 民国《赤溪县志》卷八《开县事纪》，台北：成文出版社，1967 年，第 167 页。

逆视客，所用进剿、俘戮、客匪字样，直以王师讨伐自居，使其邑人阅此多以客族为匪类。^①"大埔人林达泉亦言道："汉回斗犹曰戎不乱华，土客斗奈何指客为匪。^②"学者王东同样关注这一问题并指出，"在清代土客械斗不断升级的岁月里，与西方传教士和人类学者对客家大多持赞美、褒扬的态度不同，个别的广东本地人视客家为一个野蛮、凶狠、落后的民族，并给客家起了一个轻蔑性和侮辱性称号——客贼。^③"赖氏等客籍学者在县志中对土民称客民为"客匪""叛逆"等来表达不满，认为"土客械斗实由于分声寻斗而起，客民原非贼匪也。况相斗时，其焚掠屠戮残忍惨酷，互为报复之，手段亦彼此相等，以矛攻盾厥罪，惟均如指客民为匪，而土民独得为非匪乎。^④"

至于为何称客民为匪，赖际熙在县志中分析到："当斗祸之殷也，正洪杨乱后，天下云扰，客属所居僻，行动俱为土属所扼，故肇衅始末情梗塞，无由上达。当路中于先人之言，误以为客属皆匪，屡命将剿之。^⑤"如广东巡抚蒋益澧初到粤时，受土民多方控告影响误认客家为客匪，其所作关于土客之奏疏，其题目亦悉称客匪^⑥。面对土民在方志中将客民书写成"客贼""客匪"情形，民国《赤溪县志》编纂者在叙述大械斗事件之时，以"土匪""土贼"称呼土民，褒称客民为"客勇"，如"咸丰四年（1854年），红巾贼起，恩平土匪团扑县城，知县郭象晋专募客勇防守。^⑦"县志《人物列传·列传》中还附上"义勇表"，表中所载前四位人物杨梓钊、吴福堂、杨邦楠、吴炳楠皆属客民，并在土客大械斗过程有重大功勋，彰显"客勇"本色，亦难免有"褒客抑土"之嫌。民国《赤溪县志》编纂者赖际熙基于自身族群利益，面对土民对客民的负面书写，赖氏着力对广东西路土客大械斗事件起因分析以及客民书写，改"土匪"为"土勇"，变"客贼"为"客勇"，努力重塑客民在土客大械斗中的正面形象。

① 民国《赤溪县志》卷八《开县事纪》，台北：成文出版社，1967年，第191页。

② 温廷敬：《茶阳三家文钞》，台北：文海出版社，1967年，第135页。

③ 王东：《客家学导论》，上海：上海人民出版社，1996年，第49页。

④ 民国《赤溪县志》卷八《开县事纪》，台北：成文出版社，1967年，第168页。

⑤ 民国《赤溪县志》卷六《人物》，台北：成文出版社，1967年，第131页。

⑥ 罗香林：《客家研究导论》，台北：南天书局，1992年，第26页。

⑦ 民国《赤溪县志》卷八《开县事纪》，台北：成文出版社，1967年，第166页。

结　语

从咸同年间的广东西路土客大械斗到近代针对客家人的污名化与反污名的文化抗争运动，土客之间互动主要方式由武力械斗转向文字攻讦。地方志作为土客双方文化领域建构的重要文本，其编纂过程实为一个地方文化的再生产过程。土客双方在取得地方志话语权的条件下，本着各自族群的利益诉求可能会对重大历史事件进行深度描写。广东土民编纂地方志描述下的客民大多是负面内容，称客民为"客贼"或"客匪"，又或加以"犭"旁释之，类比"异族""蛮族"，有意或无意地对客民进行污蔑与中伤。面对土民在编纂地方志时将土客大械斗事件对客民的污名化，近代广东客家文化精英在方志领域中进行了反污名的文化抗争。近代广东客民主导书写的众多地方志中，从光绪《嘉应州志》专辟《方言》到民国《赤溪县志》附编《开县事纪》，详细阐述了客民的源流、分布、语言、文化、迁徙以及广东西路土客大械斗事件等概况。温仲和、赖际熙等客籍学者对客家方言或土客大械斗的书写不仅仅是一种语言或事件的简单记述，更是深层次的对族群"方言"和"形象"的深度描写和重构。以"中原旧族"批驳"南蛮异族"，以"古音古韵"辩驳"乡音土语"，以"客勇"反驳"客贼"，努力建构客家语言文化的正统性和身份血统的合法性，重塑土客大械斗中客民正面形象，达到"语言"与"形象"的雅正。近代客家族群形象的巨大变化与土客之间这次"笔战"有密切关系，客民的族群构建实为对中原正统地位的攀附与认同[1]。

本文从"客民"看"客家"以及"土民"看"客家"双重视角出发看待"客家"的书写，能够较为清晰与公正地看待"客家"的书写与形象建构。阅览近代广东土客双方所编地方志对"客家"的书写与描述，不难发现，土民所书地方志带有"抑客扬土"之嫌，而客民所书地方志也存有"褒客抑土"之弊，彼此的书写在某种程度上已不忠于历史，甚至扭曲事实，方志编纂者在书写之时带有强烈的族群色彩与烙印。地方志作为中央王朝诏令下按照一定框架结构所作的一种"公共历史"

---

① 周建新：《在路上：客家人的族群意象和文化建构》，《思想战线》，2007 年第 3 期。

记述，方志编纂者基于族群等背景，在一定程度上会将自身"私家历史"转化为"公共历史"的一部分。① 故在地方志阅读和运用时需进行真伪辨别与价值判断，亦需从土客双方不同视角去理解近代客家的族群建构运动。

---

① 李晓方：《地方县志的族谱化：以明清瑞金县志为考察中心》，《史林》，2013 年第 5 期。

客家方言与语言艺术

赣南客家采茶戏的唱词语言艺术特征

黄玉英① 沈 丹②

摘　要：在客家地域的特定环境及传统文化的浸润下，赣南采茶戏最直接充分地突出了客家地区的方言特质、民俗风情、历史文化和人文风貌等，是客家人生活话语的提炼，我们并在采茶戏艺术的传承中看到了民间艺术家的艺术夸张和情感升华。其唱词语言在声腔艺术上凸显了民间口头文化特征和鲜明的客家地域风格和特点。

关键词：客家；采茶戏；唱词语言；艺术特征

赣南客家采茶戏长期活跃在赣、粤、闽客家地区。2006 年该剧种已被列入国家第一批非物质文化遗产保护名录。最具代表性的民歌《斑鸠调》《送郎调》（十送红军的原始民歌）就来自该剧种的传统曲牌唱腔。其唱词语言在声腔艺术上凸显了民间口头文化特征和鲜明的客家地域风格和特点。它来自民间，富有浓郁的生活气息和戏剧色彩，独特的音乐唱腔、诙谐幽默的语言及载歌载舞的表演风格，传统剧目和现代剧目都真实地反映了赣南客家人的喜怒哀乐和理想追求，是客家先贤创造的宝贵精神财富，具有浓郁的审美文化特质。

一、唱词语言的乡土格调

"任何一种戏曲，其起源都局限于一定地域，采用当地方言，改造当地的民间

---

① 作者简介：黄玉英，女，1955 年 5 月生，江西科技师范大学客家音乐艺术研究中心主任，二级教授，硕士生导师，国家一级演员，主要研究方向有民族音乐学、戏曲表演理论及声乐演唱。

② 作者简介：沈丹，女，1988 年 5 月生，江西科技师范大学音乐学院，讲师。

音乐、歌舞而成，其雏形都是地方戏。其中只有少数后来全国流行，大部分仍带有地方性。区别这些地方戏的最显著的特征就是方言，而不是声腔……声腔可以随方言变，方言却不肯随声腔改。①"由此可见，戏曲声腔艺术与当地的方言土语有着极为密切的关系，可以说地方戏曲最重要的艺术特色首先是它的方言土语、土调，赣南客家采茶戏也不例外。其唱词语言在戏曲声腔艺术中有着非常重要的位置。语言是我国戏曲声腔艺术形成的首要前提和基础，也是剧种之间风格特点区别的重要条件。因为各地的方言不同，声调韵律也不一样，正因为这些区别和差异便产生了不同风格特点的戏曲剧种。从赣南客家采茶戏的发展历史来看，因为方言土语复杂，唱本也仅在民间艺人中传抄，需一字一句地反复传授才能掌握。而且，从唱本、唱腔到表演，全靠艺人口传身教才能得以传承。因他们熟悉当地的语言、社会生活、民俗风情和客家人的心理需求，这对客家采茶戏的生存、保护和传承起着关键性的作用。而采茶戏在中华人民共和国成立前也就是靠民间艺人组成的"三角班"，一代一代传承延续下来的。对于戏曲演员的演唱而言，"依字行腔""声随字转""以字传情"又是我国戏曲演员在唱腔艺术上须遵守的艺术准则，也就是说，戏曲演员必须熟悉本剧种语言声调韵律，要做到咬字吐字清楚，才能在唱腔艺术上有所成就。老一辈艺人曾有演唱谚诀说："演员吐字不清，犹如钝刀杀人"。因为观众进入剧场，一定要能听清、听懂剧情内容，所以，在传统戏曲中有"咬字千斤重，听者自动容"之说。因此，无论是演员演唱或者是观众欣赏这两个层面，都把"字正腔圆"作为看戏听戏的最高审美准则追求。因为语言不仅决定着戏曲声腔旋律的走动方向，而且对戏曲演员演唱的风格韵味。直接产生作用和影响，语言既是日常生活沟通的工具，也是文化传承的重要载体。

赣南客家采茶戏唱词和语言最突出的特点便是它的乡土化和生活化，这和客家人的生存环境和日常生活有关，没有半句华丽的辞藻，它直白率真、诙谐幽默、苦中作乐、正话反说、一语双关。比如，在《四姐反情》传统剧目中，四姐姐被四哥哥踩了一脚痛得很，但她不说痛，只说："哎哟，哪个人瞎了眼睛哪……，把捱一只脚五个指脚趾拿你踩出四个丫叉来了哇。"又如《大劝夫》中，丈夫被妻子劝醒后，咬牙切齿说，要大骂一阵喇疤婆，妻子问丈夫"样么子骂?"丈夫说："婊子

---

① 游汝杰.《地方戏曲音韵研究》，北京：商务印书馆，2006年，第1页。

婆、短命婆……你会发财发到死哦！走路你都会看唔到后脑壳啊……"。这是集赣南客家民间语言之大成，形象化、生活化、口语化是采茶戏最显著的特点。大量运用谐音、谜语、歇后语、谚语，产生风趣幽默、滑稽、诙谐、戏谑、调侃、情趣盎然的喜剧效果。这主要是由两个方面的原因形成的。一方面，演出场地基本上都在农村圩镇的土台戏楼为主，农村是它活跃展示的大舞台，剧目所反映的是下层劳动人民的生活。演出班子的艺人们都是生活在底层的老百姓，被称为"三角班"，没有文人参与。由于受教育程度的限制，演出人员的文化素质决定了其唱词语言只能是直白平易朴素，通俗易懂，甚至有的还比较粗俗，根本谈不上文雅。比如，有这么一段唱词："嗯当嗯听挑担谷，企企蹉蹉揹到屋，謦隆哐唧碾成米，吡吡剥剥煮成粥，悉悉索索食落肚，嗬啰嗬啰撑得苦，爬爬撅撅解裤头，稀里哗啦屙痢肚"。另一方面，赣南客家采茶戏观众群体的平民化，欣赏趣味的通俗化，进一步决定了赣南客家采茶戏唱词语言的乡土化、生活化的格调，因为剧团要生存发展必须让老百姓易懂、易接受、易记、易学，也更便于该剧种剧目的唱词及音乐的流播和传唱，老百姓喜欢它，而且顺耳又好记，日积月累，自然便把赣南客家采茶戏看作是自己最喜闻乐看的艺术形式。比如，1979 年被上海电影制片厂拍摄的具有代表性的大型优秀采茶戏《茶童戏主》中第二场"搭船巧遇"中，茶商大财主朝奉下山收茶债正巧遇上年轻美貌的茶山二姑娘，为了取得二姑娘的欢心，便卖弄他的所谓文采，作诗一首（又念又唱）："远看/山/一座，近看/一座/山，远近/一起/看，还是/一座/山哪/哪嗬咳。"每场演出到此处，台下观众便被这生活化的诙谐唱词语言逗得哄堂大笑。随后，台下观众几乎都能记住、学会而且很快便能传唱。这也体现了"戏以曲兴，戏以曲传"的文化特征。

二、浓郁的生活气息

生活化是艺术的共同特点，为什么赣南客家采茶戏的乡土气息那么浓郁？因为它贴近的是客家地区广大群众自己的现实生活。而纵观赣南客家采茶戏的传统经典剧目，如"四大金刚"（《上广东》《卖杂货》《反情》《大劝夫》）和"四小金刚"（《补皮鞋》《睄妹子》《钓拐》《老少配》）来看，赣南客家采茶戏唱词语言生活化是通过口语化的语言运用来实现的，有的就是生活语言的原样再现，没有任何加工。比如，传统剧目《上广东》中，"懵懵懂懂，挑担屎桶，跌了一头，唔晓得哪头轻重。颠颠倒倒，点火进灶，火烧眉毛，自家都唔晓得呦……"。《茶童打店》中，"走出门来跌一跤，我的屁股跌条槽，铜钱包了三百六，冇妇厨师狗卵呀"。又如，传统曲牌还魂调歌词"雕子一叫就天光，牛子（那个）挨栏妹挨床（嗳），牛子挨栏想草食，妹子（那个）挨床想情郎（嗳）"。但有的则是通过生活劳作、爱情表达话语加工、提炼出来的，符合剧中规定情境和特定人物语言的要求。它源于生活又高于生活，表现出一种浓厚的通俗美感意蕴，因而使观众回味无穷、流连忘返。例如，优秀传统剧目《钓拐》中田七郎和四妹子互表爱慕之情的对唱，四妹子："行船要过（哦呀衣哟）十八滩，从来（你格）好事多磨难，手拿（啊）竹篙（里格）不点水（呀），就怕（里格）翻掉（哦）这条船。"田七郎："行船要过（哦呀衣哟）十八滩，莫怕（你格）风险莫怕难，只要（啊里格）你我情意好（哇），一样（里格）高挂顺风帆。"

三、衬词的丰富多样

一般来说，衬词是在唱词规定数字之外，为了渲染人物性格和情趣需要而添加字、词的一种唱腔艺术表现手法，它呈明显民间口头文化的特征，民间艺术家的即兴演唱，使歌词变化多样而极富地方风格特色。从现存的赣南客家采茶戏传统曲牌"三腔一调"唱腔资料中可以看到，它的唱词语言中的衬词有单字、词组，有衬半句的也有完整的衬句。就表面字词看，衬词是没有确定含义的虚词，但在采茶戏的唱腔艺术中，衬词却发挥着不可或缺重要作用。比如，用来表达剧中人物情感和心境情绪的表情衬词，润色戏曲唱腔旋律及拓展唱腔长度的润腔衬词，增加生活情趣或突显地域风格的方言衬词，激发心灵共鸣或描摹自然景物和动物叫声的象声衬词，等等。总而言之，丰富多彩的衬词艺术化的使用，不仅可以避免单纯靠字词在声腔中导致的音调唱腔平直、单调乏味，还可以使观众摆脱对唱词的关注，而直接专注于欣赏唱腔音调，放松心情，投入到唱腔艺术审美情趣当中。衬词的丰富多彩是赣南客家采茶戏唱词语言的显著特征之一，具体归纳起来说，主要有情趣衬词、润腔衬词、方言衬词和描摹动物叫的象声衬词等四种。

1. 情趣衬词

就衬词单独拿出来看，是没有情趣可言的，但放在采茶戏曲声腔里的衬词都已具有表情作用，我们这里所指的"情趣衬词"是指以衬词（词组，句）为独立表达和抒发人物内心情感、刻画人物性格、揭示人物情感的表现手法。例如，传统曲牌《金钱花》，"收拾里捡正里，涯今拿你收拾里，捡捡正正去赶圩，铜钱拿你输了里，金钱花花金钱，耍流浪流浪耍"。

因为情趣衬词是赣南客家采茶戏唱腔结构和唱词语言最能体现本剧种特色和客家地域风格的表现形式。曾听老艺人称："采茶戏是唱词不够，衬词来凑。"足见衬词运用于采茶戏唱腔艺术中的重要作用和地位。衬词主要有啊、哎、呀、衣、嗬、咳、哪、哈、嗨、哟、叽、呃、嗦、且、当、丢、嘚、打、嘛、吩、哩、格、啰等，根据需要有机组合，由演员根据人物、剧情需要来组合，组合方式方法各不相同。当然也有的是传统曲牌里固有的套用。比如，优秀传统小戏《睄妹子》哥妹对花选段唱词：

> 妹：正月（里）花（里花）朵开
>
> 合：（花里花朵花里花朵花里花朵开）
>
> 妹：花是我的哥（来）我的干哥哥
>
> 哥：花是我妹（来）我的亲妹妹
>
> 妹：妹妹说话哥哥听
>
> 哥：（哎呀）哥哥说话妹妹听
>
> 妹：什么花
>
> 哥：金钱牡丹花
>
> 合：（花里花朵花里花朵一枝花花里花朵开）
>
> 妹：摘一朵芙蓉妹妹头上插
>
> 哥：（哐就）摘一朵芙蓉妹妹头上戴
>
> 合：（衣呀衣子莲花衣呀衣子哟，衣哟呀哟哪嗬衣嗬咳）

这段唱腔里的衬词搭配有致，节奏感较强，富有情趣，活泼开朗，表演载歌载舞。对这对情窦初开的哥哥妹妹相互吸引相互爱慕的内在情感表达起到了强烈的表情达意目的，对剧情开展和人物性格的塑造都有很强的烘托作用，剧场效果非常好。

2. 润腔衬词

润腔衬词是为了声腔旋律发展需要而设计在词句中间的没有实际意义的虚词。润腔衬词是赣南客家采茶戏唱词语言中最常用的手法，从赣南采茶戏三百多首传统曲牌唱腔中可以看到。比如传统曲牌《三句板》唱词："（哎呀）响（罗里格儿）

（里格）闹连（罗儿），一心（里格）一意（罗里格涯要）去（罗）出门（衣呀嗬嘿）"等衬词，这首曲牌正词只有 10 个字，可衬词却有 22 个字。又如传统曲牌《背锄头》唱词："背把（呀格）锄头去（呀）上山，（衣嘟呀）一心一意（捱哇）去上山，（捱哇）去上山，一心一意一心（哇）一意（呀）（捱哇）去上山，（流呀流沙索，沙流索衣嗬咳），一心（啊）一意（呀）（捱哇）去上山。"这类衬词字数远远超过了正词的数量，所占篇幅很大，是剧情人物包括语气、感情抒发需要，既丰富了旋律，又增添了浓郁的乡土气息。对这首曲牌润腔增色起到了不可言说的意境效果，也印证了衬词是正词唱罢而音乐未尽的延伸之说，有效地拓展了唱腔的长度，润色了唱腔的艺术效果。

3. 方言衬词

赣南客家采茶戏唱词中的方言衬词主要起加花和垫补的辅助作用，比较常见的如传统曲牌《芒冬雕子》在优秀传统采茶戏《钓拐》中浪荡公子刘二的一段唱词："花儿一开（就且当且），（且且子当）引蜜蜂，妹子一大（七大七丢嘚打丢），阿哥好眼红（啊哪嗬咳）。钱财使得（就且当且），（且且子当）鬼神动，妹子见钱（七大七丢嘚打丢），必定会依从（啊哪嗬咳）。"以上唱段正词只有 32 个字，但衬词却有 38 个字，衬词和正词形成了结构性对应关系，它对仗工整，方言"且当且、且且子当、哪嗬咳"诙谐俏皮，形象生动。由此可见，这些衬词在特定情境中对刻画人物性格及声腔艺术上起着画龙点睛的作用，试想把方言衬词抽走对刻画刘二这个丑角形象会是多么平淡乏味、苍白无力。

4. 象声衬词

在赣南客家采茶戏的传统剧目及传统曲牌唱腔里，描摹动物叫声的衬词不少。例如，在 1979 年被上海电影制片厂拍摄的彩色戏曲片《茶童戏主》一剧中，茶童、二姐和船妹及众乡亲设计把贪财好色的财主朝奉引去"深夜跳龙潭"情节中，运用的《闹五更》传统曲牌唱词象声衬词中就有模仿老虎叫的"嗷嗷嗷，嗷嗷嗷"，模仿猴子叫的"叽叽叽，叽叽叽"，模仿猫头鹰叫的"呃呃呃，呃呃呃"；还有家喻户晓的传统曲牌《斑鸠调》唱词里模仿斑鸠的"咕咕咕，咕咕咕""叽里咕噜，咕噜叽里"及模仿青蛙叫的"呱呱呱，呱呱呱"等。客家人长期生活在山区，这些模仿动物的叫声都是与客家人的生产劳动方式及生活环境紧密相关的，也为客家采茶戏的音乐唱腔语言艺术特征增色不少。

　　赣南客家采茶戏的舞台表演艺术，载歌载舞、风趣幽默，歌、舞、戏三者并重，深受当地客家人的喜爱，而其唱词语言也必然与这一方神奇的客家人的精神信仰、风土人情、地理地貌紧密相连，从文化的层面来看，其唱词语言艺术特征鲜明的反映客家人的生活情趣。在客家地域的特定环境及传统文化的浸润下，它最直接充分地突出了客家地区的方言特质、民俗风情、历史文化和人文风貌等，是客家人生活话语的提炼，在采茶戏艺术的传承中可以看到民间艺术家的艺术夸张和情感升华。该剧种由于其深受客家人的喜爱，又必然会在一定程度上对客家人固有的风俗、文化及审美情趣产生积极而深刻的影响。纵观地方戏曲发展史，这是一种互为因果的必然联系。赣南客家采茶戏也正是在这种互为因果的历史进程中不断提炼升华、传承和发展着。

客家族群认同的方言机制①

闫淑惠②

摘　要：从语言使用的角度对客家族群认同的方言机制进行调查，并运用 SPSS 19.0 统计分析软件对客家方言与族群认同相关性进行定量与定性相结合分析。研究发现：客家方言使用、客家方言能力、客家方言态度与族群认同之间有着显著性的影响作用，客家方言通过语言传承机制影响客家族群认同。

关键词：语言使用；语言能力；语言态度；客家方言；传承

客家方言与客家文化、客家族群的形成和发展密不可分。客家方言是传统社会客家族群情感维系的纽带和身份界定最为重要的区别性特征。"宁卖祖宗田，不忘祖宗言；宁卖祖宗坑，莫忘祖宗声"，客家方言对于客家族群而言有着独特的情感价值和文化意义。当今社会，科技的进步、经济的发展以及其他方方面面的变化都在迅速改变着客家族群的思维习惯、生活方式与情感表达，客家族群人际沟通交流的方式与途径、族群认同意识也在悄然变化。本文拟通过对客家方言使用情况的调查研究，探讨影响客家族群认同的方言机制。

一、客家方言与族群认同研究回顾

最早记述客家方言与客家族群的文献是清嘉庆年间所著的《丰湖杂记》，这篇徐旭曾口述、门人所记的文章被誉为"客家人的宣言"。文中说道："客人语言，虽

① 国家社会科学基金项目《方言机制视角下的客家族群认同研究》，项目编号：18XMZ019；江西省教育科学规划重点项目《江西客家教育发展史研究》，项目编号：19ZD061。

② 作者简介：闫淑惠，1982 年生，河南漯河人，博士，赣南师范大学客家研究中心副教授，主要从事客家语言文化研究。

与内地各行省小有不同，而其读书之音则甚正。故初离乡井，行经内地，随处都可相通。惟与土人风俗语言，至今仍未能强而同之①。"

20世纪30年代，罗香林《客家研究导论》记录了兴宁方言概貌，将其与《广韵》进行比照，最终从客家方言的演变推论出客家民系迁移形成的年代。

进入20世纪90年代，客家研究进入学术繁荣期。客家学学者王东直接用"方言群"来界定客家，他指出客家方言不仅是区别于非客家人的最直观、最基本的文化特征，而且是客家这个群属自我认同的最重要的内聚纽带。客家，首先是具有共同方言的人群共同体。② 而另一位客家学学者房学嘉先生依据考古学证据，提出生活在赣闽粤三角地区的古越族遗民是客家人的构成主体。房氏的这一论述与传统观点截然不同。但是，值得注意的是，房氏同样认为客家方言在以百越族为主体的人群与中原而来的流民相互接触的过程中处于主导地位。这从另一个角度说明了客家方言在客家人生活中的重要地位。

Mary S. Erbaugh的研究强调了客家方言在太平天国运动和长征中的重要历史作用，她暗示客家方言在客家人受到外界的官方批评和公众的压力时成了族群认同的标志的可能性③。孔迈隆根据对广东西江地区客家移民的考察，认为客家方言是客家族群认同的基础，正是客家话与粤语之间难以沟通的差异，使得客家人与土著得以区别，并起着强化客家人内部团结的作用④。Howard J. Martin对1986～1991年中国台湾客家人的认同运动的研究表明，在面对共同的威胁时，客家方言将台湾客家人中的传统派和激进派紧紧联系在一起⑤。日本客家方言学者桥本万太郎结合实地调查和对比分析，进一步明确指出，客家方言的使用分布地域广泛，尽管存在地域性的差异，但客家方言的特征都表现出很强的均质性。因此，客家方言不是地域性的方言群，而是作为"ethnic dialect"（少数民族方言）构成的。他认为客家方言的

① 刘佐泉：《客家历史与传统文化》（开封：河南大学出版社，1994：99）。

② 王东：《那方山水那方人：客家源流新说》，（广州：广东人民出版社，2018：31）。

③ Mary S. Erbaugh. *The Hakka or Guest People：Hakka Identity in China and Abroad*（Washington：University of Washington Press，1996：36 – 79）。

④ 蔡麟：《流动的客家——客家的族群认同和民族认同》（上海：上海人民出版社，2016：22）。

⑤ Howard J. Martin. *The Hakka Ethnic Movement in Taiwan*，1986 – 1991，*In Guest People：Hakka Identity in China and Abroad*（Seattle Wash：University of Washington Press，1996：176 – 195）。

保留，源于客家人的同族意识①。

随着对客家方言研究的深入，研究者们更多地结合文化、社会等多种因素研究客家方言与族群意识、族群认同等问题。游汝杰、周振鹤对汉语方言在历史上的流变及方言与中国文化的复杂关系进行了多角度、多层次的梳理分析，其中论及了客家方言的形成与人口迁移、地域文化的关系②。李如龙认为客家方言是客家群体最重要的特征，也是研究客家历史文化的重要依据③。李氏多次从语言学的角度出发，结合语言现象和语言事实论述客家方言与客家历史文化之间的关联。陈小燕、吕嵩崧通过对以贺州为代表的南疆多族群语言使用与族群关系的调查与对比，发现在语言认同上客家人自我认同程度更高，对其他族群语言认同程度低④。杨丽娟对四川的调查发现，客家方言传承呈现萎缩和坚守两种态势，其背后反映的是客家族群文化认同的变迁⑤。兰玉英等与王春玲的调查认为，双方言现象是四川客家人普遍的语言生活方式，年青客家人对于四川官话、普通话的亲切感和认同感高于客家方言，客家方言有发生转用四川官话的趋势⑥。黄南津，李金阳与卢继芳认为，在广西、赣西北客家方言区域，双方言现象普遍存在，但客家方言仍有较强的向心力⑦。陈建锋对江西万载库区客家移民的语言态度和语言选择的研究发现，移民在不同交际领域出现不同的语言选择和语言使用，少数家庭出现语言转用现象⑧。

这些研究者通过对地区语言生活状况的调查，从语言接触、语言变异、语言态

---

① 河合洋尚：《日本客家研究的视角与方法——百年的轨迹》（北京：社会科学出版社，2013：30）。

② 游汝杰，周振鹤：《方言与中国文化》［复旦学报（社会科学版），1985 年第 3 期］。

③ 李如龙：《客家方言与客家的历史文化》（嘉应大学学报，1998 年第 2 期）。

④ 陈小燕，吕嵩崧：《贺州多族群语言互动典型案例研究——贺州多族群语言与族群认同关系研究之二》（百色学院学报，2010 年第 23 卷，第 6 期）。

⑤ 杨丽娟：《表述下的呈现：客家研究的身份内核——兼论客家研究发展》（宜宾学院学报，2014）。

⑥ 兰玉英，蓝鹰，曾为志：《汉语方言接触视角下的四川客家方言研究》（北京：中国社会科学出版社，2015：69）；王春玲：《四川客家方言与文化传承现状调查——以四川仪陇县客家族群为例》（贵州社会科学，2015 年第 4 期）。

⑦ 黄南津、李金阳：《普通话的推广与客家方言的传承——基于广西客家方言区语言使用情况调查》（玉林师范学院学报，2017 年）；卢继芳：《语言视角下赣西北客家文化的变迁与发展——以修水县境内客家为例》（赣南师范大学学报，2017 年第 38 卷，第 4 期）。

⑧ 陈建锋：《库区移民的语言态度和语言选择研究——以江西万安库区客家移民为例》［江西农业大学学报（社会科学版），2017 年］。

度、语言心理等角度描写语言。对这些视角的研究，已经将客家方言研究从纯粹语言学研究引入社会、文化等更为宏观的学术视野。如果说以往的研究，特别是有关客家方言与客家历史文化的研究已经属于客家族群认同研究的领域，但研究者还没有将其明确为"族群认同"的话，笔者权且将这些研究定义为客家方言与族群认同外围问题的研究阶段。那么，这一阶段的研究已经突破"外围"，打入"内部"，尽管当前的研究成果还比较有限，但是毕竟研究者已经开始直面客家方言与族群认同问题。

对客家方言与族群认同的研究，主要呈现两种研究路径。一种是从具体的语言现象或语言事实出发（如词汇），研究客家方言本体与客家文化、客家形成、客家历史之间的关系。这些研究有的未直接指向族群认同，有的初步指向族群认同，其主要通过与族群认同紧密相关的对文化、历史等问题的研究展现了客家方言与族群认同的关系。另一种研究路径则是从客家方言的文化属性或社会属性的角度，论述客家方言在族群认同中的作用和意义。这两种研究各有特色。语言学界对客家方言开展的调查与客家方言本体的相关研究为前一种范式的研究提供了研究基础和研究条件，有利于加深对客家社会文化的理解，丰富对客家方言的认识。但是，仅从客家方言语言事实和语言本体出发很容易局限于语言本身，对客家方言与族群认同之间的研究不够深入。对后一种路径的研究，研究者将客家方言视为文化因素或社会因素中的一部分，阐释客家方言在族群认同中的作用。从语言学的角度来看，这种研究脱离了语言本体来讨论语言，难免空泛。从研究方法来看，现有客家方言与族群认同的相关研究以定性研究为主，定量研究比较少见。因此，对客家方言与族群认同进行研究，既要看到已有的研究成果，也要看到研究的不足。尤其是在当代社会快速发展的时代背景下，社会环境、语言环境已经发生或正在发生重大变化与变革。在这种新的形势下，客家方言与族群认同的关系怎样？客家方言通过怎样的语言机制参与客家族群认同？这些问题仍有待探讨。

二、研究方法与过程

调查点的选择。笔者选定江西赣州凤岗镇为调查点，该镇位于江西省赣州市经济技术开发区，属亚热带季风湿润气候。赣州黄金机场位于该镇峨眉村，赣丰公路、赣粤高速公路、夏蓉高速公路等均穿越镇辖区，交通较为便利。同时，该镇通行客家方言，在方言分区上归于客家方言于信片。改革开放以来，由于地缘优势和经济需求，该镇前往东莞、深圳务工的人员激增；2008年赣州新黄金机场迁入该镇，该镇流动人口增加，运输、餐饮等服务业进一步发展。该镇既有客家传统乡镇的基因，又地处于城乡接合部，处于城镇化进程之中，其语言生态具有一定的代表性。

本研究的问卷设计主要参考了徐大明（2005），力量、夏历（2008），陈颖（2012），游汝杰（2015），李莉亚（2017），张荷（2018），Phinney J（1992）的问卷。本研究采用问卷调查与访谈相结合的方法，以影响语言使用和语言态度的主要因素为调查依据，参考其他问卷，并在结合专家咨询与前期调查效度检验的基础上设计本问卷，本问卷共分五大部分38个小题。第一部分是被调查者的性别、年龄、职业、祖籍地、居住地等基本信息；第二部分是语言使用调查；第三部分是语言能力调查；第四部分是语言规划调查；第五部分是族群认同的测量。

问卷组成。首先是被访者基本情况，被访者的年龄划分遵循联合国教科文组织对年龄的区分，即分为16~34岁、35~50岁、50岁以上三个阶段。问卷的主体共分为五个部分，即语言使用、语言能力、语言态度、语言规划和族群认同，每部分由若干小题组成。语言使用方面，主要考察被访者在不同的场域和情景中，与不同的交际对象交流时的语言选择情况，具体分为家庭、工作、生活等领域，其中家庭领域调查被访者与祖父母、父母、配偶、子女的语言使用情况；工作领域调查被访者在单位与同事的交流；生活领域涉及在菜市场、医院、银行、超市、邻里等场合的语言交际情况。语言能力方面，从听、说、读三个方面对客家方言、普通话等进行测量，被访者按照1~5的等级（1为非常差，2为不太好，3为一般，4为比较好，5为非常好）进行评价；语言态度方面，从好听、亲切、有用、有身份四个维度，让被访者按照1~5的等级（1为非常不，2为比较不，3为一般，4为比较，5为非常），根据自己的感受对客家方言、普通话等分别做出判断；语言态度还包括对被试者不同语码混用的接受态度的测量，包括对普通话、客家方言混用是否接受，对其他方言、客家方言混用是否接受等。问卷还对被访者未来的语言规划、语言学习期望进行了测量。语言规划从个人意愿、子女学习两个方面，就未来普通话、客家方言学习的期望值，从非常不希望、不希望、无所谓、希望、非常希望五个层次进行统计；对具体语言听说能力的期望，从无要求、能听懂即可、能顺利交流、学得标准和地道等四个层次进行判断。族群认同方面，从自我认知（您认为您现在的身份是），群体情感归属（您希望别人怎样称呼您），对自己族群历史、文化、族群活动的参与程度，族群的自豪感进行评价。

为搜集实地调研数据，笔者先后走访了江西赣州凤岗镇的客家乡民，参与了当地政府或客家社团组织的相关活动，在调查阶段采用了方便抽样、判断抽样、雪球抽样等非概率抽样方法。同时，笔者运用了民族学、人类学的田野方法作为辅助定量方法，利用在客家地区工作、生活的机会，深入社区、菜市场、公园等场所与客家人进行深入访谈，积累个案资料，并对部分采访内容进行了录音整理。

正式调查阶段，笔者共发放问卷 350 份，回收 335 份，根据作答的完整性、有效性最后确定有效问卷为 320 份。在对问卷进行结果统计和内容分析之前，笔者首先对问卷进行编号，编号为 1～320；然后确定统计项目为十大类，即年龄、性别、客家方言能力、客家方言使用、客家方言评价、客家方言态度、族群自我评价、族群群体归属感、族群态度、族群卷入，除这十大类基本项目外，又根据需要进行了细分，如语言使用分为不同领域的语言使用，语言评价又区分为好听、亲切、有用、有身份等维度。最后对每份问卷调查结果进行整理录入，并建立 Excel 格式原始数据库，运用 SPSS 19.0 对 Excel 格式原始数据库的数据进行统计分析。

本研究自 2017 年 11 月开始正式调研，于 2018 年 10 月结束初期数据收集工作，整个调查工作历时近一年。由于受人力、时间等客观条件的限制，本研究在年龄和性别方面做了适度的选择和控制。样本中男性 172 人，占总样本的 53.75%，女性 148 人，占总样本的 46.25%，男女比例较为均衡；16～34 岁青年人士 197 人，所占比率为 61.56%；35～50 岁人士 85 人，所占比率为 26.56%；50 岁以上人士 38 人，所占比率为 11.88%，各年龄阶段人士均有分布。

三、研究结果

研究发现，客家方言使用、客家方言能力、客家方言态度三者紧密关联，构成一个闭合三角形循环关系网络。

（一）方言使用奠定传承基础

本调查发现，语言使用情况影响族群认同。家庭领域中在与长辈之间用客家方言交际时，被访者对于客家族群的自我认同意识和族群群体归属感都较强；而随着交际对象年龄的递减，这种族群意识也在递减；被访者在"与祖父母"使用客家方言交际时，客家族群态度显著积极，在"与祖父母"或"与父母"用客家方言交际时，被访者族群认同意识显著高于其他被访者。

语言的获得是语言使用的前提。语言的获得主要有第一语言的学习与第二语言的学习两种形式。前一种是自然的习得，有着良好的语言环境和学习优势。儿童在真实的交际环境中无意识地进行语言学习，不仅学习语言的形式，同时学习了语言的意义与承载的文化，能较快实现语言的掌握和运用。后一种语言的学习，则是人出于一定的功利性目的，学习动力不足，成年后的有意识学习是其主要渠道。

在家庭领域，与长辈交际使用客家方言，则被访者对客家族群的自我认同意识和群体归属意识就较强，且呈现随年龄递减趋势。长辈通常会比较多地使用本族群语言，特别是在家庭领域较少使用国家通用语言文字，这本身就是对本族群语言文化的一种自发自觉。而晚辈在使用客家方言与长辈进行语言交流时，就形成了一种语言的传承，同时也是本族群文化的一种传承和接续。说话者自己对语言的选择实质上是一种立场的展现，表明自己对客家族群的认同，而祖孙或父子之间的客家方言的交流则在交际过程中展现了对客家族群归属的认同。

根据笔者的调查，客家族群方言主要通过家庭语言学习。对家庭、生活中常见的事物名称的学习，生活交际中的常用会话都是客家方言学习者学习的对象。此外，客家童谣、谚语、山歌等是客家方言习得的主要途径。以客家童谣为例，客家童谣以客家方言进行吟唱，用词以单音节词、方言特色词为主，语言通俗浅显，节奏明快，句子短，多押韵，综合使用比喻、拟人等修辞手法，具有生动性、趣味性、好唱、好记的特点，兼具娱乐、教育等多种功能，多是由家中女性长辈在育儿过程中自然传递给后代的。客家人从小耳濡目染客家童谣，不仅是对客家方言的传承，更是对客家文化的弘扬和继承，是对客家族群认同意识的春风化雨式的熏陶与感染。客家地区广泛流传着不同版本的《月光光》，其是客家童谣的代表作之一。"我一念起《月光光》，就想起了老家，想起了亲人，想起了童年的生活，想起了笔者客家人的好传统"[1]。这是一位客籍老华侨的心声，也是众多客家人的心声。童年的记忆、童年的歌声深深植根于客家人记忆中，对客家人成年之后的族群卷入与族群态度产生积极的影响。

---

[1] 罗可群：《客家文学史》（广州：广东人民出版社，2000：324）。

总之，客家族群在客家方言自然获得的过程中，受到族群文化的熏陶与感染，使得客家族群认同呈现一种传承发展趋势。从这种意义上来讲，客家通过方言传承族群认同。

（二）方言能力反映传承状态

关于语言能力的调查表明：客家区域人士的客家方言习得仍占优势地位，女性的客家方言习得优于男性的，35～50 岁被访者"从小会客家话"所占比例最高。第一语言习得为客家方言的被访者族群卷入更为积极，尤其是在积极的族群态度上表现出与"从小会普通话"的被访者较大的差异。从这一调查结果来看，客家方言语言习得直接影响客家族群卷入及族群态度。客家方言使用"非常流利"者族群自我认同与群体归属认同较高，族群卷入积极性最高；客家方言能力与族群态度有显著关联性。

"从小会客家方言"者对客家方言有着自然的亲近感，在自我认同和群体归属方面更倾向于客家族群。从性别来看，女性的客家方言习得优于男性的，这与客家区域妇女的社会角色和地位直接相关。客家地区留存着大量反映丈夫下南洋谋生、妻子留守家中的"过番歌"，这些歌谣表现的是由于生存条件限制，客家地区男子外出谋生，女子担负家庭种植、抚养儿童、赡养老人等责任的故事。时至今日，客家地区还存在比较严重的重男轻女现象，女子受教育程度有限，与外界接触远不及男性多，这些与女性对客家方言习得占优势有直接联系。从年龄上看，35～50 岁人士的客家方言习得占优势，这与这代人所接受的教育有关。我国 2000 年颁布实施《中华人民共和国国家通用语言文字法》，确定了普通话作为国家通用语言的法律地位，国家进一步加大了普通话推广力度。35～50 岁人士出生和学习都在这一法规出台之前，这从一个侧面反映了这一年龄阶段的客家人士接受的规范普通话教育较少。而事实也确实如此，笔者访谈发现，客家地区经济、文化、交通相对落后，客家人活动区域有限，学校教育中普通话教育并不完善，客家人的客家话习得占明显优势，16～35 岁的客家人所受的普通话教育相对较好。

客家方言"非常流利"者之所以能够得心应手地运用客家方言，重要原因之一就是熟能生巧。而他们能经常使用同一种语言，说明存在适合这种语言的交际环境，否则即便说话者的语言水平、语言技巧多么高超，对该语言多有感情，依然无法进行交际。因此，从这个意义上来说，在日常交际中存在适合客家方言交际的语言环境，它与客家方言流利者的出现相辅相成，也正是在这样的交际环境下，客家方言流利者对客家族群的认同感较强。客家方言能力与客家方言使用频率也直接相关。语言的学习与巩固本身就是通过不断重复和强化进行学习的过程，使用频率高的语言，一般使用该种语言的水平也更高。语言是文化的载体，承载文化，反映文化。语言的使用与选择不仅是语言本身的问题，还包括对语境、语篇、语体等因素的适应，即"顺应"。对一种语言使用频率越高、掌握程度较高，则对该语言承载的文化就越熟悉、越了解。就客家方言使用者而言，对客家方言使用越多、能力越强，对客家文化和客家历史了解也就越多，对客家族群态度相应也就越积极。

从语言能力来看，语言选择、语言使用是语言能力得以展示的前提，语言使用往往对语言能力有着决定性的影响。通常说话者的某种语言使用频率越高、使用范围越广，则该种语言说话者的语言能力越强。语言能力反过来又会影响人们使用语言的频率，说话者某语言能力强则这种语言的使用频率通常也比较高。语言能力能够反映语言使用、语言传承的状态，从侧面反映语言传承对族群认同的影响。

（三）方言态度影响传承效果

对认知、交际两个层面的语言态度的调查表明，语言态度中的客家方言"有用"评价与"客家让我引以为豪"之间有显著的相关性，即此种情境中的语言态度与族群态度之间有着显著关联；公共交际领域客家方言语言态度与客家族群态度、族群卷入之间有着显著的关联性。积极的客家方言态度对族群认同有着促进作用。

语言的生命在于使用，语言使用对语言态度有着直接的影响作用。在运用语言进行交际的过程中，语言使用者能对该种语言做出评价和判断。在认知领域，本文对客家方言"有用"进行测量，结果显示，在"比较有用"和"非常有用"两者的结合数据中，客家方言高于普通话，同时，客家方言的评价"有用"与族群态度之间有着显著的关联性。"有用"是从实用角度对客家方言做出的评价。因其"有用"，能够为说话人带来直接的经济或其他方面的利益，因此，说话人由此产生积极的族群态度。这种解释从逻辑上来看是行得通的。从事实层面来看，以客商大会为例，客商大会由广东省政府主办，梅州市委、市政府承办，于2009年发起，每隔两年召开一次。以首届客商大会为例，首届有25个国家或地区的1 500多名客商参与大会，达成签订合作项目128个，涉及总金额300多亿元。大会上所用语言以客家方言为主，客家方言在此场合极为"有用"①。此后，历届客商大会召开总能吸引全球各地众多客家后代参与，充分展现了客家族群积极的族群态度。

公共交际领域的语言态度反映了语言人对语言的接纳程度，在公共交际领域，对某种语言的接纳程度反映了对于该语言所承载文化的认同程度。在一项关于上海话与上海文化的调查中，研究者发现：调查对象（农民工）对上海的喜欢程度，与他们的听说上海话显著相关，即越是喜欢上海，其上海话适应得越好②。就本文的调查而言，语言人对公共交际领域客家方言的态度，反映了他们对客家方言的支持与认可，特别是希望借助公共交际领域中的传媒力量进行客家文化传播传承。这类人群在族群卷入与族群态度上同样表现出积极的倾向。

在客家方言影响客家族群认同的过程中，语言态度对其作用的发挥有着促进或制约的意义。积极的、正面的语言态度对族群认同有着促进作用，反之，则不利于族群认同的发展。

结　语

客家族群在以客家方言为媒介的交往过程中建立起族群成员间以理解、信任、协调为主要特征的社会行动类型，实现语言交往的理性。本文依据实地调查和数据分析，对影响客家族群认同的语言机制进行了归因分析。客家方言通过语言传承机制影响族群认同。

我国现行法律法规规定了普通话的通用语地位，对少数民族语言的地位和使用作了规定，如《中华人民共和国教育法》明确规定少数民族学生为主的学校及其他教育机构可以使用本民族或者当地民族通用的语言文字进行教学，但是对于方言的使用、地位等问题则没有具体的说明。语言规划是对语言多样性的一种人工调节，语言规划应视为社会规划的一部分③。与大多数方言一样，客家方言在全球化程度越来越高的时代，其生存空间越来越小。中国尤其需要在语言规划方面重视包括客

---

① 吴明良，盛海辉，何岸：《梅州：绿色崛起赋新篇》（源流，2009 年第 11 期）。

② 徐浙宁：《关注进城农民工子女的早期家庭教育：资源与限制》//《中国的立场：现代化与社会主义——上海市社会科学界第七届学术年会文集（2009 年度）青年学者文集》（上海社会科学界联合会，2009：5）。

③ 刘海涛：《语言规划和语言政策——从定义变迁看学科发展》（北京：语文出版社，2006：36）。

家方言在内的各地方言，通过合理的语言规划和语言政策体现国家意志和指导作用，在全社会创设对方言尊重与重视的客观环境。在客家族群生活的区域，当地政府应结合国家语言政策，对客家方言进行合理的规划。

语言环境对于语言能力的提升和语言态度有着积极的影响。家庭是客家方言传承最为重要的阵地，积极鼓励家庭成员使用、学习客家方言，在家庭中营造方言语言环境，有助于提升语言能力、树立正确的语言态度；在客家区域各级各类学校中营造良好的语言氛围，培养学生对客家方言的情感，引导学生热爱家乡、热爱客家方言、热爱客家地域文化和族群文化，鼓励年轻一代热爱并使用方言，可有效保护丰富多彩的客家族群文化；社会相关部门进一步发挥组织优势，搭建平台，在社会营造"说客家话、爱客家话"的良好风尚，增强客家民众的话语自信心。

客家民间信仰与仪式

客家送船习俗研究——
以南康寨坑"送大神"仪式为例①

刘珊珊②

摘　要：客家人为适应恶劣的生存环境，衍生出种类繁多、形式各样的信仰风俗。送船习俗在新年正月举行，围绕一种用竹篾、稻草及彩纸扎制而成的小型龙船，展开请神、扎神、起神、移船、唱船、划船、送船七个环节的仪式信仰活动，进而实现对神灵的祭拜和赞美。这种民间宗教活动，以龙船信仰为核心构成了民众的精神世界，有助于打造和谐村落，维系宗族关系，提升地方社会发展。作为客家人众多的信仰习俗之一，送船习俗符合现代社会的价值导向。

关键词：客家；送船；家族；信仰；神圣

赣南客家地处万山环抱、林菁深阻之地，古时虎狼出没，瘴毒雾气肆虐。在生产力水平较低、交通闭塞的社会环境下，客家人对幻化无常、神秘莫测的自然现象缺乏正确理解和清晰认识而感到极度恐惧，他们将这些无法解释且扑朔迷离的现象归因于恶鬼、邪魅，需借助神灵的威力以达到驱鬼逐疫、迎神纳吉的目的，因此衍生出数量繁多、千奇百怪的信仰风俗。

大神，客家人又称为神船，是一种用竹篾、稻草及彩纸扎制而成的小型龙船。新年正月，客家人围绕龙船展开仪式信仰活动，进而实现对神灵的祭拜和赞美。这种习俗经过长期的历史沉淀，所具有的超自然力量符合客家人"崇鬼尚巫"的文化传统，迎合了他们祈求神灵保佑的心理需求。本文以南康寨坑"送大神"仪式为

①　本文为江西省教育厅科学技术研究项目（GJJ150992）成果。

②　作者简介：刘珊珊，江西赣州人，汉族，赣南师范大学历史文化与旅游学院讲师，民俗学博士。

例，对该习俗的表现形态、特征进行阐述和分析，有助于理解客家送船习俗的社会文化内涵，以期为大神信仰的传承提供参考价值。

一、送船习俗的表现形态

送船习俗是一种独特的社会文化现象，广泛地分布于赣南客家地区，在历史上形成了相对稳定的表现形式。从现有可查阅的相关记载获知，送船活动最早出现于明朝中后期，清朝时得到丰富和发展，满足了民众祈求平安、消除灾祸的现实需求。

明嘉靖《南安府志》卷一记载："上元作灯市，采松栢叶竹枝结棚下，缀以灯，皆彩绘，刻饬人物故事，悬剪纸人马于傍，以火运之，曰走马灯。又缚竹糊纸为鳌山，箫鼓喧闹，嬉游达曙。或放谜灯，题写诸经书典故，鸟兽草木物类暗蓄事义，为讥评作诗词，粘于方灯笼谜中，喝采揭之，名曰打灯谜……因以弛禁，先此乡里各庙祭，赛金鼓唱歌闹船者，至是夜达旦。十六日绘纸船送江焚之，曰送船，以禳一岁之灾。①"这是南康地方志中关于送船习俗的最早记载，当时已存在正月期间通宵达旦"赛金鼓""唱歌""闹船"等活动形式，通过焚烧"纸船"达到灾祈福的目的。

清同治十一年《南康府志》卷一载："上元前数日悬灯为乐或用竹丝织为龙，分五节曰：'龙灯'，张以为戏。又劈竹为船，糊以五彩，内设仪仗甚整，男女望辄罗拜，尊之曰'大神'。至上元后一日晌午，一人提剑，数人鸣金随之，跟跄叱咤，如有所追逐者，沿门收船，鼓吹送野焚之，曰'禳灾'。②"进入清代以后，社会生产力水平逐渐发展，民众的物质生活水平有所提高，推动了民间技艺的进步和文化习俗的繁荣。上元节除灯彩外，开始出现用"竹丝"制作的"五节龙"嬉戏热闹庆贺佳节。"纸船"于正月十五日前扎制完成，以"五彩"装饰替代了简单的绘画，船身插有神灵仪仗队以彰显龙船威严，供男女民众"罗拜"。正月十六中午举行送船仪式，"一人提剑"主导，一路鸣锣击鼓，送至村外焚烧。很明显，清末的送船习俗大致保留和延续了明朝时期的主要过程，其核心仍以禳灾祈福为目的，活动内容进一步得到了丰富和发展。例如，龙船以真实可触的物质形态呈现，戏耍龙灯被

---

① 嘉靖三十四年《南康县志》卷 1《风俗》，第 56 页。

② 同治十一年《南康县志》卷 1《风俗》，第 220 页。

融入送船习俗，有神职人员负责焚船，送船习俗增添了娱乐功能和社会组织属性。

清同治年间的送船习俗已经形成了较为固定的仪式规程，并基本接近于现代的送船习俗。笔者通过对南康寨坑"送大神"习俗的田野调查发现，活动由请神、扎神、起神、移船、唱船、划船、送船七个环节组成：早期在姓氏内部举行，共同分担祭祀费用的义务；2000年初实行对外开放，近年来酬神善款获利达数十万元。正月初一，主事人请出绘有龙船和神仙的大神画悬挂于厅堂，家族成员与扎船师傅共同完成请神仪式之后便开始制作龙船。正月初六，扎船师傅将鸡血淋于扎制好的龙船上，龙船"见血生灵"，升格为"神船"，起神仪式结束。正月初六至正月十五的"十夜"里，家族成员依照轮值顺序将神船移送至本厅堂，伴有仪仗队、舞龙、舞狮活动，同时配以锣、鼓、唢呐等乐器演奏。晚饭后，族人在厅堂高唱"龙船歌"。正月十五近午夜时，族人敲锣鸣炮举行"划船"仪式，祈盼新年里五谷丰登、人丁兴旺。正月十六，族人将龙船送至水口处焚烧，仪式结束。

送船习俗实际上仍秉持着民众渴望风调雨顺、家人安康的朴素追求，仪式过程中所遵从的一整套行为规范和禁忌，反映出神灵信仰的神圣精神内涵。2010年，南康寨坑"送大神"仪式被列入赣州市市级非物质文化遗产名录；2013年，"送大神"仪式名称修改为"横寨唱船"，成功申报江西省省级非物质文化遗产；2020年，名称又调整为"赣南客家唱船"，仪式被认定为国家级非物质文化遗产。在全国申报非物质文化遗产的浪潮下，默默无闻的民间文化迅速从"草根"发展为"国家文化符号"[①]，成长为地方文化的象征符号。但龙船制作、习俗名称、仪式地点等原生态含义已发生改变，且在信众范围和举行目的上被赋予了现代文明的内涵，祭拜和还愿、组织和运作牵涉到经济利益的追逐。

送船习俗作为一种民间宗教活动，以龙船信仰为核心的神灵崇拜构成了民众的精神世界。大神祭祀仪式的举行，体现了民众敬畏神灵，祈求解决生产生活中遇到的一切困难和挫折的虔诚之心。这种生发于传统农耕社会的信仰习俗，并没有在工业现代化的进程中失去其文化内涵，反而因其具有多元的现实社会功能而得以传承。因此，一旦民众的经济生活得到改善，势必会推动神灵仪式内容的完善和丰富，将

---

① 翟风俭：《从"草根"到"国家文化符号"——中国非物质文化遗产命运之转变》，《艺术评论》，2007年第6期。

过去相对简单、粗陋的民间信仰活动在吸收、整合不同宗教文化之后，表现出复杂且规范化的样态。同时，为改变民间信仰文化边缘化状态，赋予其在公共话语中名正言顺的位置，村落传统仪式披上了合法化身份；并通过"政府搭台，经济唱戏"的方式，让独具特色的民俗活动服务于地方社会的文化需求，从而达到推动区域经济发展的目的。

二、送船习俗的特征

特殊的自然地理环境，造就了不同地域独特的生存方式。客家社会是一个移民社会，历史上经历了由北向南的迁徙过程，在与土著和少数民族的交流和融合中逐渐稳定下来。长期的颠沛流离使得客家人对土地怀有特殊的情感，而传统农业社会里安土重迁的固有观念，使客家人有意识地采取聚落而居的生存方式，生存方式表现为以宗族为核心的活动单位。在此基础上，形成了与其生活世界和生存逻辑之间融合和匹配关系的地方性信仰文化，构成了村落社会一套完整的生活与意义体系[1]。

（一）以家族为参与主体

张丽在赣县白鹭村田野调查时，搜集了数十份"元宵歌"本。从内容来看，"与祭祀仪式相关的接神、迎神、与神对话、祈请福佑、送神等部分，构成了一个对'唱元宵'仪式活动认识的重要维度"[2]。赣南本地学者张嗣介则在"赣州市章贡区沙河口的萧氏家族发现了演唱元宵歌的风俗"[3]。于都县银坑村正月期间表演甑笊舞时，所演唱内容也与其他地方发现的元宵歌本大同小异[4]。此外，上犹县源溪村廖氏家族为纪念先人从正月初一开始"唱划船歌"，正月十五元宵节时达到高潮[5]。从已搜集的南康各地材料来看，曾经流行于该地的"大神"仪式已寥寥无几，但"龙船歌"的歌本及演唱仍由各姓氏保留和传承。由此可见，正月期间的唱船及

---

① 宋德剑：《国家控制与地方社会的整合：闽粤赣客家地区民间信仰研究的视野》，《江西师范大学学报》，2004 年第 3 期。

② 张丽、李静：《传统〈元宵歌〉本的复现、消失与走向——客家白鹭社会"唱元宵"仪式形态初探》，《人文杂志》，2017 年第 9 期。

③ 张嗣介：《赣南民间〈元宵歌〉的调查与研究》，《赣南师范学院学报》，2008 年第 1 期。

④ 黄文华：《浅析赣南于都甑笊舞的形态特征》，《文艺生活旬刊》，2012 年第 10 期。

⑤ 政协上犹县委委员会教文卫体委员会编：《上犹乡土》，2012 年第 156 页。

其祭祀行为是赣南客家地区特有的宗族仪式活动，地点多集中于祠堂或村庙，结合祭神祭祖，印证了这一传统的文化根脉与客家宗族同源共生的关系。

（二）"唱船"增添仪式神圣性

龙船升格为神船后，由家族成员移送至轮值厅堂，接受男女老少的叩拜和祭祀。晚上，本房男性来到厅堂，坐于大神对面开展唱船活动。演唱者用方桌和条凳搭成"舞台"，铜锣和大鼓配乐，唱歌前点燃三个爆竹，中途休息重新开始仍需点燃三个爆竹，待唱船结束燃放一长串鞭炮。祠堂是先祖留下来的遗产，代表了宗族的历史和文化意义。村民的日常生活都与祠堂密切相关，婚丧嫁娶、红白喜事、房支议事、祖神祭祀都在这一公共场所举行，祠堂背后承载着深厚的宗族意识。可以说，祠堂不单单是家族外在的物质表现形式，其所承载的象征符号成为族人的精神归属，具有庄严、肃穆和神圣的特性。正因为是在祠堂内唱船，所演颂的内容必须符合宗族伦理道德，其具体有孝敬老人、和睦相邻、尊长敬上、子孙家教、安生处世、民生乐业、戒毒戒淫、读书科举、农田力耕、技艺学习、和气忍让、莫逞豪强，触及生活类各个层面，成为规范彭村人言行举止、"日常人际交往互动以及社会生活的规定性要求和行为选择指向，以及规范性安排和惩戒的规则框架。[①]"唱船依托于祠堂为表演空间，从唱词内容到表演形式，颂扬祖先、传播儒家伦理思想的同时，为仪式涂抹一层神圣性色彩。

（三）节日中的"节日"

中国自古就是以农为本的国家，整个社会的农业生产以粮食为主，根本任务就是解决人们的吃饭问题，农民对土地有较强的黏着性。由于人多地少的问题始终存在，用较少的地养活众多的人口，既体现出传统农业的骄傲，也培育出农民珍惜土地的深厚情感。农民发自内心地热爱土地，将土地的存续和利用视为神圣责任，并围绕土地展开一系列祭祀活动。这些活动与客家人的农耕生产息息相关，一方面庆祝和祈求农业丰收，另一方面则强调天地万物的和谐共存，感应季节变化规律，表达了对天地、祖灵的敬畏之心。新年伊始客家地区开展舞龙灯、游龙船等富有色彩的民俗活动，"'龙灯'不但与'添丁'谐音，'龙'还代表大地之气……舞龙是为

---

① 高秀红、金玥：《神圣与世俗之间：乡村公共文化的规范与教化——基于赣南＜龙船歌＞的文本分析》，《赣南师范大学学报》，2020 年第 2 期。

了启动地气，保证地气能够继续流进村子并充满四周山谷的举措。①""龙船""龙灯"被民众借用象征的手段仪式化地处理，反映农业社会"靠天吃饭"的生存需求。过年本是中国古老的岁时节日，民众在付出一整年的辛苦劳作之后，需要获得身心的愉悦和放松，过年便成为调节民众生活张弛有度的手段，使生活本身贴近于大自然的运行节奏。更为重要的是，"节"是指竹、草木条干间坚实结节的部分，被认为是最关键的，也是最难劈开的部位。"过节"意味着通过不吉利的"非日常"时间，需要采取一些特殊的约束和禁忌来达到避凶的目的②。以禳灾为目的的送船习俗具有农耕文化的鲜明特点，在过年这个的特殊时间节点举行，传递出传统中国人对自然时序、神灵信仰、祖先崇拜、亲情伦理、聚合团圆、家庭和睦、社会团结等的追求和尊崇③。这种神圣、庄重的节日庆典和仪式活动，体现了自然与人之间的和谐共存，是一种尊重自然、亲近自然的天伦价值维度。

三、送船习俗的社会文化意涵

赣南客家地区因地处丘山纵横的自然环境，交通不便导致社会发展相对滞后，较好地保留了许多民俗传统。送船习俗是体现客家人重要文化内涵的文化现象，是客家人编织的意义之网，反映了民众顺应自然时序、驱疫祈福的心理需求。

（一）祖灵崇拜的实践

对南康"送大神"仪式过程的考察可以看出，在过年这个特殊时间里，私人祭祀与公共祭祀同时进行。前者包括祭灶和祭祖，参与者以小家庭为单位；后者为全族规模的祭祀活动，既是祭远祖，也是对神灵的崇拜。在中国传统农业社会里，一年之中岁时节日的分布与自然时序保持一致。过年处在岁末年终、四季轮回之时，"非常时间"行非常之事，大量的祭祀活动应运而生，以实现新旧交替的过渡。正月初一，寨坑村民这天要燃放鞭炮和吃素食，他们晨起先拜天地神灵，再祭拜祖先、祭灶。神船移送各轮值厅堂时，本房族人需素食、沐浴更衣、扫除餐桌和灶台污垢

---

① （法）劳格文：《客家传统社会》，北京：中华书局出版社，2005 年，第 476 页。

② 万建中：《过年：非常时间的非常行为》，《北京观察》，2007 年第 2 期。

③ 王加华：《传统节日的时间节点性与坐标性重建——基于社会时间视角的考察》，《文化遗产》，2016 年第 1 期。

才能靠近神灵。送船之日，神船摆放于象征宗祠的"祠堂坪"，在接受族人和信众祭拜后焚烧，灰烬扫入河流之中。范·盖内甫在《通过仪式》一书中，将人生礼仪归纳为三个主要阶段：分离、过渡和统合。过年是辞旧迎新的阈限阶段，村民通过斋戒、洁净等方式与旧年分开，人与物在新年中获得新的生机。在这个转折阶段，个体往往需要借助家族力量应对过渡时的不确定性，因此与族人团聚、共同祭神，逐渐形成了特定的年节过渡仪式①。送船习俗中慎终追远和纳吉求福的目的并存，但敬神祭祖的最终愿望是求得家族血缘绵延不绝、枝繁叶茂百世不衰，仪式强化了宗族观念。

（二）宗族关系的展演

仪式除了具有集体表演性质，更像是某种意义上的家族聚会。人口的繁衍导致了宗族的分化，家以灶为中心，家户在家族中独立就得另起炉灶。新家户的发展壮大，从而形成了新的房支，呈现一种动态的变化趋势。南康寨坑"送大神"仪式以房支为单位，通过内部个体、家户、房支及外部不同集团的行为展演，凝聚族人情感，集聚家族力量，以"合"的方式来重新调整和维护家族秩序的正常运转。尤其在现代，大部分青壮年劳动力外流至城区生活和工作，村内空心化严重，不少宗族面临有宗无族的现实困境。"送大神"仪式是祖先流传下来的信仰传统，属于家族的共有财产，除了本村的家族成员，怀有虔诚之心的信众都可以参与祭拜。而具体的仪式活动组织和运作，则建立在房支相互配合的分工体系上才能完成。仪式过程中表现出来的辈分、长幼、男女、内外四个层次的宗族成员关系，亲属体系在仪式过程中得以强化和巩固。此外，祭祀圈和信仰圈的扩大，学者、媒体、政府等不同社会身份人群的关注和介入，仪式中的关系格局更加多元化，体现了宗族社会关系网络的延伸和拓展，一年一度"送大神"仪式的举办为宗族关系展演提供了舞台。

（三）村落秩序的维系

客家村落多为一个或两个宗族聚居形成的血缘聚落，不同家族以此范围建立自己的祭祀和信仰中心，确保家族在村落的独有格局。寨村居住有彭、罗、廖、蔡、王、谢、邱、蓝、朱、郭等十个姓氏，其中彭姓为第一大姓氏，其次为罗氏，是典

---

① 萧放：《春节习俗与岁时通过仪式》，《北京师范大学学报（社会科学版）》，2006 年第 6 期。

型的单姓氏主导村落，历届的村主任和村支书皆有彭氏族人。一年一度的送船习俗由彭氏主导举行，在村庄庙宇不见踪迹的情况下，神船满足了村民对意义世界的想象。"送大神"仪式开放后，神船信仰已由姓氏内部的神灵崇拜扩大至更为广泛的地域和人群参与的仪式活动。现今每年"送船"现场的信众多达 2 万余人，不仅有来自南康本地，还有从广东、福建、湖南等地慕名而来的游客。同时，寨坑村内其他姓氏被整合进"祭祀圈"，以神灵信仰组织地方人群参与仪式活动。然而，现实的情况是，神船的巡游线路仍局限于彭氏宗族聚集区，其他姓氏尚未承担平摊祭祀费用的义务①。虽然"神不是哪一家的，是大家的"②，但围绕神灵搭建起来的非遗传习所、大神文化广场、绿化小公园等的使用权均以彭氏为主，村落内部仍将送神习俗视为彭氏独有的信仰活动。因此，其他姓氏保留一贯以来的态度，他们远远地观望着，认为"这是彭家的神"。村落信仰空间格局界定了村落自然空间，同时也划分了不同姓氏家族各自的势力范围。彭氏不仅人口众多，还拥有独特的家族信仰文化，借助仪式规则的确认和重复，村落秩序得以维系。

送船习俗举办的时间为正月初一至正月十六，其实一整年的生产生活都与这一仪式相关，或者说全年的生产生活都是在为这一仪式的举办进行铺垫。寨坑的社会治理、宗族体系的维系、村民生活愿望的实现等都在仪式的框架内有序展开。可以说，神船信仰较好地体现了神圣与世俗的对立统一，既满足了村民精神层面的依赖和归属感，凝聚了客家人的处世理念和生存智慧，还为地方带来了真实可见的经济、文化、社会声誉的提升。作为客家人众多的信仰习俗之一，送船习俗符合现代社会的价值导向。

---

① 林美容：《由祭祀圈到信仰圈：台湾民间社会的地域构成与发展》，《中国海洋发展研究史论文集（第三辑）》，台北："中央研究院"三民主义研究所，1988 年第 97 页。

② 被访谈人：彭权任，江西省赣州市南康寨坑村人。访谈人：刘珊珊。访谈时间：2018 年 11 月 5 日下午。访谈地点：彭权任寨坑家中。

神适彼境：清代四川闽粤移民的乡神信仰

陈伟平[①]

摘　要：乡神信仰在清代四川闽粤移民中占有相当重要的地位。它既是移民维系乡情的基本纽带，又是增强宗族凝聚力的重要依托。会馆内的乡神信仰，不但体现了闽粤移民的乡籍意识与内部的整合，也顺应了本土化的趋势。会馆外的乡神信仰，在散居形态的影响下，则呈现了明显的宗族化。两类乡神信仰的存在，为探究清代四川移民的族群意识提供了进一步的思考空间。

关键词：清代；四川；闽粤移民；乡神信仰；乡籍意识；本土化；宗族化

一、何为乡神：问题的提出

闽粤地区自古便以民间信仰高度发达而著称。在清初"湖广填四川"运动中，不少闽粤地区的神灵信仰伴随着移民的步伐传入四川，并逐渐落地生根，成为清代四川社会民间信仰的重要组成部分。

就乡神的概念而言，有的学者强调其来源与原乡的关系，认为"'乡神'是寄籍同乡在家乡和家乡之外所共同祠祀的神灵。"[②] 另外，有的学者则从功能性出发，强调乡神是一种移民社会语境下的产物，不一定要出自原乡。这些神灵更多的是移民凝聚乡情而"有意识"的建构，只要是有利于移民群体利益的都有成为"乡神"

---

① 作者简介：陈伟平，1984 年生，历史学硕士，四川客家研究中心特约研究员，主要从事湖广填四川移民与清代四川社会史研究。

② 陈世松：《四川客家》，桂林：广西师范大学出版社，2005 年，第 122 页。

的可能。① 不可否认的是，乡神必须和原乡产生一定的关联，才能具备成为"乡神"的资格。就四川的闽粤移民而言，"乡神"不但包括会馆内的"乡神"②，也包括会馆外形形色色的各类原乡神灵。他们在不同程度上并存，维系着地域和群体的认同。

在乡神信仰的社会功能方面，学者们也从不同的层面进行了分析和讨论。陈世松将目光集中于乡神信仰的实用性和庞杂性，他认为："在强烈的趋吉意识下，四川客家的信仰带有浓厚的实用主义，由此很少单独奉行某一种特殊信仰。在民间信仰方面，则包括了在民间流传的各种方术及会道门。四川客家区诸庙杂陈，神祇各异，信仰各别，呈现'五多'的特点，即庙多、神多、神会多、祭祀多、巫术士多"③。刘正刚特别关注会馆运作与乡神信仰的关系，对会馆的象征意义和祭祀活动进行了分析，但对会馆之外的客家民间信仰着墨甚少④。其后，他在比较四川和台湾客家移民的研究过程中，对相关问题进行了补充，强调了乡神信仰在培植移民认同上所起到的情感价值与社会价值⑤。王东杰和林移刚对乡神的研究，更侧重于在移民社会的演变过程中把握乡神信仰的内涵和作用。王东杰通过对同乡会馆祭祀功能的研究，提出了会馆发展中的"分化"和"整合"功能，揭示了乡神的建构历程⑥。林移刚则通过研究四川移民社会中信仰模式的演变，展现了移民社会的瓦解和定居社会的形成过程⑦。值得注意的是，他们都指出会馆的乡神体系虽然作为地域文化的象征，达到了整合内部移民的作用，但也为会馆这一社会组织树立了"集体象征"，这已经超越了狭隘的"乡土意识"，呈现开放性的特点，表达移民文化向

---

① 王东杰：《乡神的建构与重构：方志所见清代四川移民会馆崇祀中的地域认同》，《历史研究》，2008年第2期，第103页。

② 一般而言，四川的大多数会馆都是以省籍作为纽带，虽然也存在府、县籍会馆，但在数量和分布上都无法与省籍相提并论。

③ 陈世松：《四川客家》，桂林：广西师范大学出版社，2005年，第198页。

④ 刘正刚：《闽粤客家人在四川》，南宁：广西教育出版社，1997年，第242页。

⑤ 刘正刚：《东渡西进：清代闽粤移民台湾与四川的比较》，南昌：江西高校出版社，2004年。

⑥ 王东杰：《乡神的建构与重构：方志所见清代四川移民会馆崇祀中的地域认同》，《历史研究》，2008年第2期，第103页。

⑦ 林移刚：《民间信仰与清代四川移民社会的整合》，《云南大学学报》（社会科学版），2014年第2期，第63－64页。

国家文化融合的意图①。此外，胡孝忠对天后信仰在四川的传播历史进行了梳理，对天后信仰在移民社会中所扮演的角色提出了独到的见解②。

以上的研究虽然涉及了闽粤客家移民的乡神信仰，但在研究范围上多侧重于会馆层面，在史料的引用上也往往依赖于地方志或士大夫阶层的文章，从而导致了某种程度上对乡神信仰的"失真"③。同时，这些研究多将"四川客家"作为一种预设存在，没有思考民间信仰本身和族群认同④之间的关系。由此，深入挖掘民间文献，拓宽研究的范围，转换研究的范式，便成为重新审视清代四川社会乡神信仰的一种需要。

二、会馆之乡神：群分与整合

在四川，移民会馆是表现省籍差异最主要的形式。而乡神祭祀是会馆最重要的职能，故"互以乡友谊联名建庙，祀其故地名神，以资会合者，称为会馆。"⑤ 在闽粤移民会馆中，福建会馆多数以信奉妈祖为主，故别称"天后宫"或"天上宫"。广东会馆则以信仰六祖惠能为主，别称"南华宫"⑥。

虽然天后和六祖信仰均源自闽粤，但在四川，这类信仰却多数局限于会馆内，并没有扩散于城乡街间。有的学者认为妈祖信仰的传播与四川航运业的发达关系密切，但与随处可见的镇江王爷庙和杨泗将军庙相比，妈祖信仰在航运业中却很难发

---

① 林移刚：《民间信仰与清代四川移民社会的整合》，《云南大学学报》（社会科学版），2014 年第 2 期，第 63 - 64 页。

② 胡孝忠：《四川天后信仰史的研究》，济南：山东大学，2008 年。

③ 王东杰在论文中也意识到了这一点，但因为资料的缺乏，他不得不主要依靠方志来观察乡神信仰的形态。王东杰《乡神的建构与重构：方志所见清代四川移民会馆崇祀中的地域认同》，《历史研究》，2008 年，第 2 期，第 100 页。

④ 事实上，在清代的四川是否存在"族群意识"是一个很值得讨论的话题。无论是文献资料，还是田野调查，都无法说明在当时的闽粤移民心中存在过一个清晰的"客家族群"的概念。因此，本文尽量避免使用"族群"一词，而以移民群体来代替。

⑤ 民国《南充县志》卷五。

⑥ 有部分来自粤北的移民，多崇奉当地的乡神龙母，故会馆别称龙母宫，但此类会馆数量较少，分布也不广。

现踪迹①。同样，六祖信仰也缺乏一定的根基。对以客家人居多的闽粤移民而言，该信仰在原乡并不居于优势地位②。在四川很难在会馆之外寻到六祖信仰的踪迹。在同为接纳大量广东客家移民的台湾，也几乎没有出现以六祖为祭祀对象的庙宇③。因此，很难将会馆乡神信仰与四川闽粤移民的民间信仰等而视之。如果这种会馆神灵体系是一种建构的结果，那么其背后的机制是怎样的，又反映出怎样的群体互动关系？

（一）会馆乡神信仰与闽粤移民的乡籍意识

所谓"察各庙之大小，即知人民之盛衰。④"乾嘉时期以来，会馆作为四川移民乡籍意识的直接表现，在城乡广泛建立。在各省会馆乡神的选择中，神灵与原乡的关联固然需要考虑，但神格的高低，神力的大小，与正统的关联更为重要。这一点在闽粤会馆中表现得尤为明显。清末江津天后宫首事钟云舫通过楹联的形式，把天后比作可与禹王、佛祖相提并论的大神，在日常的会馆祭祀中，向会众阐释供奉天后的意义。其联云："后之功在海，禹之功在河。前后两至人，光昭千古。神以身就父，佛以身救母，中外二道者，焜燿九州"⑤。同样，他在《江津油溪南华宫序》中，也称赞六祖道："我等来从东粤，托庇西方。破一枝杨柳之春，几多甘露；依百瓣莲花之座，万朵慈云。是宜高启禅关，一证传灯之录，广修精舍，别开明镜之台。⑥"在乐至县永兴场南华宫，新建碑记云："乐邑永兴场之建南华宫也，人本侨居，籍原南海，地通车兔，基植东山"⑦，特别强调地缘认同与六祖信仰的密切关

---

① 这种现象在闽西也存在。根据谢重光的调查，在闽西，临水夫人信仰比妈祖信仰更为流行，庙宇远多于妈祖庙，甚至闽西的民间信众大都不知道妈祖的前世今生。谢重光：《闽粤台民间信仰论丛》，北京：海洋出版社，2012年，第6页。

② 在粤东地区，相较于流行的三山国王和五显大帝信仰，六祖信仰也并不多见，缺乏广泛的信仰基础。特别是在客家人移民较多的台湾，闽西客家会馆多以供奉定光古佛为主，而粤籍客家则多以三山国王为中心。

③ 刘正刚：《东渡西进：清代闽粤移民台湾与四川的比较》，南昌：江西高校出版社，2004年，第147页。

④ 胡之富：《南溪县志》卷三。

⑤ 钟云舫，王于飞等校注：《振振堂联搞（上）》（校注），北京：中央文献出版社，2011年，第393页。

⑥ 钟云舫著，王于飞等校注：《振振堂文稿》（校注），北京：中央文献出版社，2011年，第14页。

⑦ 王炳瀛：《新建南华宫碑文》，载道光《乐至县志》卷六。文中的东山，是指禅宗五祖弘忍创立的东山法门，此处代指继承了东山衣钵的六祖惠能。

系。在屏山县楼东场，乾隆十九年（1754 年）创修南华宫时，首事为了向会众说明
六祖的来历，专门将从京师誊回的六祖事迹勒石刊碑。碑文详列了历朝对六祖的崇
封，希冀会众能够理解为何崇祀六祖的原因①。会馆领袖对乡神的功利性阐释与一
般移民对乡神形象的模糊不清，使会馆的乡神信仰更多地依赖于乡情，而缺乏实质
上的信仰基础。对于一般闽粤移民而言，他们更加看重会馆作为原乡象征的符号意
义，并将其称为"家庙"。可见这种乡神建构更多是出于自发的乡籍意识，与其他
移民会馆一样，未必是移民群体冲突的结果。

（二）会馆乡神信仰与闽粤移民群体的内部整合

会馆乡神信仰的建构也是四川闽粤移民群体内部整合的结果。以往的研究，常
把闽粤会馆的乡神信仰等同于客家人的信仰，无意或有意地将其"族群化"②。其
实，在四川的闽粤移民中，除了大量的客家移民，也有不少的闽南与广府移民（表
1）。

表1　清代迁川的闽粤移民原籍分布表③

省别	州府县名称						
广东	惠州府 连平、和平、河源、永安、博罗、归善、龙川、海丰、陆丰	潮州府 大埔、揭阳、普宁	韶州府 乐昌、曲江、仁化、乳源	嘉应州 平远、长乐、镇平、兴宁	南雄州 始兴、保昌	罗定州 西宁	广州府 新宁、番禺、清远、新会、顺德

① 见乾隆十九年楼东场南华宫碑记。此碑无标题，拓本现收藏于宜宾市图书馆古籍部。
② 黄友良：《四川客家人的来源、移入与分布》（《四川师范大学学报》，1992 年第 1 期，第 83－91 页）；
龙显昭：《从传世碑刻看入川的客家人》（《四川文物》，2004 年第 3 期，第 59－63 页）。同时，在各类文献中，
将闽粤会馆等同于客家会馆的案例还有不少。即便有的学者出于谨慎而使用了"广东移民"一词，但在具体
问题的讨论时，还是无意将范围局限在客家群体。
③ 刘正刚：《闽粤客家人在四川》，南宁：广西教育出版社，1997 年，第 60 页。部分根据笔者调查有所
补充。

续表

省别	州府县名称						
福建	汀州府 上杭、武平、永定、长汀、宁化	漳州府 南靖、平和、龙溪	邵武府 建宁	兴化府 莆田	延平府 永安	龙岩州 漳平县	永春州

　　根据目前的调查，在清代入川的福建移民中，虽然汀州府境内的客家人占到福建移民的 48.2%，但是来自龙岩州和漳州府的移民也分别占到了 28.9% 和 16.8%[①]。后龙岩州和漳州府的移民从文化和语言习俗来看，具有鲜明的闽南色彩。有些研究者曾将这批移民笼统地划入"四川客家"，从而忽略了闽籍移民内部的多样性和差异性。闽南移民在四川分布广泛，尤以沱江流域最为集中。他们依靠河坝地区的开发，以经营烟草和糖致富。一些家族甚至在全川建立了庞大的宗族网络，拥有强大的社会和经济实力。比如，来自龙岩州南山的陈氏家族，清初入川多达三十多支，散居于四川各地，除了在资州建立了总祠"星聚祠"外，还在新都、金堂、中江、郫县一带建有多所支祠。祖籍龙岩州大池的八户吴氏，其分支也在中江、富顺、安县、三台、铜梁、巴县等地建立宗祠，互通声气。来自南靖县的和溪陈氏以金堂崇本祠为总祠，支祠遍及广汉、成都等地（表2）。

表2　清代迁川的闽南系移民举例[②]

入川始祖	祖籍	入川年代	分布地区
徐美周	龙岩州溪口县	乾隆十八年（1753 年）	大足
陈万良	龙岩州节惠里	雍正十三年（1735 年）	三台
张端世	龙岩州大坟堡	康熙末	盐亭
吴见其	龙岩州龙门里	康熙五十六年（1717 年）	富顺、三台

　　① 陈世松：《大迁徙——湖广填四川历史大揭秘》，成都：四川人民出版社，2016 年，第 107 页。

　　② 该表根据郭启熹《闽西族群发展史》（福州：福建教育出版社，2008：276—289）和笔者收藏的族谱整理而成。在这些移民中虽然有祖籍汀州者，但在语言和风俗上早已闽南化。

续表

入川始祖	祖籍	入川年代	分布地区
陈源溪①	龙岩州小池南山	康熙末	金堂、新都
陈润周	龙岩州小池南山	康熙末	郫县、什邡
郭元伍	龙岩州铜钹	嘉庆年间	岳池、渠县
陈必集	漳州南靖县溪南	乾隆初	金堂、新都、广汉、中江
陈启通	漳州龙溪县河字口	乾隆年间	兴文
林元煌②	漳州南靖县船场	康熙中	遂宁、巴县
陈瑢玉	龙岩州古楼坪	康熙五十七年（1718 年）	新都、什邡
傅荣沐	龙岩州铜钵村	雍正七年（1729 年）	成都
饶文德	龙岩州船巷	乾隆元年（1736 年）	资阳
沈国惕	漳州南靖黄竹溪	乾隆（1745 年）	金堂
庄明惠③	漳州南靖永丰	乾隆二年（1737 年）	广汉
廖可群	龙岩州小池山塘	康熙五十三年（1714 年）	内江、仁寿
魏成美	龙岩州小池铁史墩	康熙五十五年（1716 年）	内江
华有端	龙岩州小池小溪炉	雍正四年（1726 年）	资阳、资中
卢仁德	龙岩州小池	雍正年间	绵阳

同样，在广东移民内部，还有不少来自广府和粤西的非客家移民。在重庆巴县，来自广东佛山的制扣商在乾隆年间组建了"广扣帮"④。乾隆以前，来自广府地区的粤商便组建了"古冈栈""顺德栈"和"广南栈"三个团体⑤。栈内商铺多者可达二三十家，少者也有数家。以三栈所积累的公共资金为基础，乾隆年间才修建了巴

---

① 陈氏祖籍福建龙岩州小池南山，始祖沈滨公系开漳圣王陈元光后裔，清代入川共二十多支系，分布富顺、资中、金堂、中江、新都、郫县、内江、简阳、资阳等县，在资中修建了总祠堂——"星聚祠"。

② 林氏祖籍南靖县，系漳州府长泰县迁入。康熙至乾隆年间，林元煌等十四位族人先后迁入遂宁县开基（民国十三年《遂宁林氏续修族谱》，石印本）。

③ 光绪《崇雅堂庄氏族谱》卷一。其福建始祖庄致和，系河南固始入闽，开基漳州。

④ 四川大学历史系，四川省档案馆编：《清代乾嘉道巴县档案选编（上）》，成都：四川大学出版社，1989 年，第 242 页。

⑤ 古冈系新会县别称，顺德指的是顺德县，广南可能也代指的是广州府地区。

县的南华宫①。除经商外，还有因其他原因迁入四川的广府移民。例如，肇庆府移民任明于万历末年经湖广入川，其后裔在富顺县赵化镇落业，在当地引种番薯、海椒和甘蔗，逐渐发展为地方富户②。原籍番禺县的张德富于康熙二十二年（1683年）简任内江知县，卸任后举家定居于此③。这批移民虽然人数不及广东客家移民，但因多居于市镇，善于经营，拥有了一定的政治和经济实力，也成为粤籍移民中不可小觑的组成部分。

闽粤移民内部多样性与差异性的客观存在，使会馆乡神信仰必须要体现相应的整合功能。为了达到目的，不少会馆建构了共同的历史文化记忆。在华阳县，天后宫的运作组织被冠以"新罗氏"的称号④。该名称的使用，将双方的共同源流上溯到了东晋时的新罗县，在文化和地域上融通了汀州移民和龙岩州移民。同样，天后与六祖作为原乡大神，远溯唐宋，又名列国家正祀，两者的影响力也足以为群体历史记忆的形成提供有力的文化资源。由此，"曹溪""九牧"等词汇逐渐在许多闽粤会馆的匾额、楹联与碑刻中成为省籍的代名词，融入了移民的日常观念，推动了群体内部的地域认同。可见，四川闽粤会馆乡神的建构，并非只是闽粤移民区别于他省移民的过程，也是一个群体内部互动与融合的过程。其所体现的包容性与融合性，与同时期的台湾社会形成了鲜明的对比。

（三）会馆乡神信仰与移民群体的本土化

在维系移民群体意识的同时，移民群体的本土化也对会馆乡神的建构提出了要求。土著力量的衰弱，移民落籍政策的宽松，加之土地买卖和租佃的频繁，在雍乾时代造就了四川乡村的散居形态，也难以产生大规模的土客之争。特别是乾隆初年社会秩序的稳定和经济的发展，为各省移民群体的相互融合提供了条件。在信仰层面，本土信仰在此时也得到了闽粤移民群体的认同。乾隆年间，主要由闽粤移民业糖者所建立的琉璃灯会，成为内江县城隍庙重要的祭祀组织⑤。在南溪县，由闽入

---

① 窦季良：《同乡组织之研究》，重庆：正中书局，1943年，第22页。

② 任德清：《任氏家志》卷二，2010年，第7-8页。

③ 民国《内江张氏族谱》，抄本。

④ 以上可以参见成都市龙泉驿档案馆收藏的多份有关华阳县天后宫的契约。

⑤ 钟炳南：《内江钟氏复周祠族谱》卷六，石印本。

川的第二代移民钟金珩领衔参与了县城川主庙的募捐和修建工程①。在资州盐业重镇罗泉，广东镇平移民钟昌琼成了重修东岳庙观音殿和川主庙的主要赞助者②。在资阳县老君场，乾嘉年间来自福建的廖、赖、陈、华等姓成为本地文娘会的主持者③。这种趋势随着移民社会向定居社会的过渡，表现得越来越强烈。因此，即便有关乡神本土化的主张多来自于地方官员和士绅之口，但一定程度上也顺应了普通移民的现实需求。无论是湖广会馆主神禹王的"蜀神楚化"④，还是天后形象由海神到江河之神的转变，乃至六祖信仰与本土民间佛教的融合，都无不体现移民精神需求与现实利益之间的平衡，也使不同群体的乡神信仰始终存在着模糊互通的边界⑤。这种乡神的建构，并非是晚期的结果，而是从会馆的初设阶段开始，便拥有了一定的社会基础。⑥

可以说，四川会馆乡神信仰虽然建立在地域认同上，但始终对本土因素保持着开放的空间。这种建构不是单纯地以群体分类为目的，而是更多地体现了移民群体对适应新环境的综合考量。这在包括闽粤移民的整个移民群体中，都是一种普遍的现象。也正是这种建构与信仰实态之间的差异，为原乡固有信仰的延续留存了一定的社会空间（表3）。

---

① 钟朝煦：《南绥钟氏支谱》，石印本。

② 资州罗泉《观音殿重修小引碑》和《川主庙功德碑》，笔者誊录。

③ 华光柏：光绪《华氏族谱约编》，抄本。

④ 王东杰：《乡神的建构与重构：方志所见清代四川移民会馆崇祀中的地域认同》，《历史研究》，2008年第2期，第106 – 108页。

⑤ 部分湖南移民也信仰天后，如崇州怀远镇的林氏家族，祖籍湖南武冈，于乾隆中期在怀远镇修建了天后宫。

⑥ 早在民国年间，窦季良就已经注意到四川会馆内主神与陪祀神，在来源上并没有直接的联系。他认为本土化的陪祀神的出现，使会馆乡神体系日趋繁复，体现了移民群体与本土社会融合的趋势。但是，窦季良并没有讨论这种现象出现的大致时间，也没有涉及主神形象本土化的问题。窦季良：《同乡组织之研究》，重庆：正中书局，1943年，第55 – 57页。

表3　部分闽粤会馆修建者原乡固有信仰情况

会馆修建人和培修人	会馆名称	祖籍	原乡固有信仰	资料来源
陈怀孟	南溪县天后宫	福建武平县岩前大布村	定光古佛	民国《南溪县志》南溪《陈氏族谱》
戴永凤	南溪县南华宫	广东长乐水寨	普庵禅师	南溪《戴氏族谱》
陈义道	潼南县梓桐南华宫	广东长乐安流	王老仙师	潼南《陈氏支谱》
赖学陞	宜宾县天后宫	福建武平米坑	定光古佛	光绪《蜀南赖氏增删族谱》和田野调查记录
李州仁	宜宾牛喜场南华宫	广东丰顺县	三都司	田野调查纪录
卢氏族人	绵州观音场天后宫	福建龙岩州	五显大帝	钟国安、李戴《卢家坪村卢氏小考》

三、会馆之外的乡神：族化与土化

以往的研究常常将移民的信仰等同于会馆神灵的信仰，认为四川乡神信仰在多样性上与台湾形成了强烈反差①。但实际上，许多来自原乡的神灵信仰一直在移民内部不断传承。与会馆乡神体系相比，这些信仰所具有的原乡色彩更加强烈，所依靠的社会基础也更加深厚。尤其是在移民社会的环境下，它们与闽粤移民群体的日常生活与观念紧密结合，并呈现许多新的特点。

（一）乡神信仰形态的多样性

在信仰形态上，乡神信仰呈现了明显的多样性。有的乡神被引入四川后，仍然以旧有身份得以供奉，其实质上是对原乡信仰的移植。例如民国《重修新都县志》记载："县南五灵寺：乾隆二十五年建，原名都爷庙，祀张都、李都、毛都及天后、关圣之像，相传张、李、毛三人为粤之长乐人，具显官。明季兵燹，协力保护粤民，民赖以安。后具阵亡，屡显灵异，粤民比户祀之。清初长乐人杨、冯、缪、李、江、黄六移家入蜀，共建此庙，以达神祝，不忘本也。②"

---

① 刘正刚：《东渡西进：清代闽粤移民台湾与四川的比较》，南昌：江西高校出版社，2004年，第147页。

② 陈习删等：民国《重修新都县志》第三编《礼俗》，铅印本。

同样，在新都三河镇，来自广东长乐的杨、李、赵、张等姓氏．也共同修建了供奉三都司的都爷庙，并发展成为当地的信仰中心①。

另外，也有部分闽粤移民将乡神改造成为了迁入地的社神或行业神，使之在功能上实现了"在地化"。例如流行于粤东的矿神张道聪信仰，经由长乐黄埔张氏传入四川②。在"乾隆初年，川南嘉定一带的铜厂亦曾有人立公神祠，俗呼张公祠。③"

此外，乡神与族神信仰的相互融合也是一种常见的形态。例如祖籍福建永定高陂的江氏，其始祖江含川入蜀之时，特到族神东峰公"坟庙求默祷，并迎香火同来，至今燕坝家家户祝，有求必应。"④ 定居川北邻水的广东乳源陈氏自入川以来便供奉本族的族神"敕人公太"，历久不衰⑤。同县的邹氏则将原籍乐昌县九峰堡的地方神朱公大王引入四川，并在簸落潭东岸铸像供奉，称曰：朱公大王，随来福主。邹氏族人强调："前四字是神之原有徽号，下四字则系指其相随来川，降福邹氏之主宰之简称也"⑥。在绵阳信义镇，从福建龙岩州入川的卢氏家族在祠堂边修建了石庙，供奉原籍而来的五显大帝⑦。

（二）乡神信仰群体的宗族化趋势

在四川，无论是何种形态的乡神信仰，都与宗族紧密相连。尤其是通过调查，相较于原乡，宗族成了大部分的乡神信仰的主体，呈现明显的宗族化趋势（表4）。

---

① 陈世松：《大迁徙——湖广填四川历史大揭秘》，成都：四川人民出版社，2016 年，第 164 页。

② 在粤东，张道聪曰："其神最灵，故粤东不特张氏一族奉之，及异姓之人及别州隔县，海中大船，漂洋过海等人，皆祀之。"张泽融：《张道聪传》，光绪《张氏族谱》，抄本。

③ 陈世松：《大迁徙——湖广填四川历史大揭秘》，成都：四川人民出版社，2016 年，第 163 页。

④ 江德润：民国江津《五福祠江氏族谱》，石印本。

⑤ 佚名：清末大竹县乌木滩《陈氏族谱》，抄本。

⑥ 佚名：《随来福主朱公大王记》，载民国邻水《邹氏族谱》卷一，石印本。

⑦ 卢氏家族除了在祠堂边建庙供奉五显大帝，还在卢家坪下修建了福建会馆，以供奉妈祖。钟国安、李戴：《卢家坪村卢氏小考》，载绵阳市游仙区政协文化文史和学习委员会、绵阳市游仙区信义镇人民政府编《信义风物》（内部发行），2021 年，197 页。

表4　部分四川闽粤移民乡神情况

乡神名称	信仰群体	原乡祠庙	四川祠庙	资料来源
三都司	乡民、宗族	有	有	《宜宾县文史资料汇编》第二辑
朱公大王	宗族	有	有	民国《邹氏族谱》
张道聪	乡民、宗族	有	有	宜宾《清河张氏族谱》
东峰公	乡民、宗族	无	无	民国江津《江氏族谱》
王老仙师	宗族	有	无	道光富顺《陈氏族谱》
法师陈万一郎	宗族	有	无	光绪宜宾《陈氏族谱》和田野调查
赦人公太	宗族	无	无	《川东北义门陈氏大成谱》
普庵禅师	宗族	无	无	民国成都《戴氏族谱》
国成公太	宗族	有	无	民国纳溪《陈氏族谱》
接生娘娘	宗族	无	无	道光罗江《范氏族谱》
龙源尊王	宗族	有	无	民国郫县《锺氏族谱》
寿佛	宗族	有	有	宣统南溪《赵氏族谱》
三位黄老仙师	宗族	不详	无	民国资中《潘氏族谱》
五显大帝	宗族	不详	有	李戴《观太卢家坪村卢氏》（未刊稿）

　　这种乡神信仰的宗族化转向与闽粤移民社会关系的重建密切相关。和闽粤原乡的集村不同，散居是四川乡村最普遍的形态。这种形态的存在弱化了基于乡情的各种社会关系。在此背景下，宗族关系作为相对稳定的因素在移民的原乡认同中发挥了越来越重要的作用。在四川广大的地域内，各类宗族组织的出现不但在产生时间上与会馆大体相当甚至略早，而且在规模与凝聚力上也胜于后者，成为闽粤移民重构社会关系的重要方式（表5）。

表5　部分闽粤移民联宗祠与联宗组织情况

名称	地点	修建时间	修建者
锺氏堂壁宗祠	成都学院街	乾隆二十二年（1757年）	粤东惠、嘉、潮入川锺氏
张氏总祠	成都糠市街	乾隆中	粤东惠、嘉、潮入川张氏
李氏敏公祠	成都青石桥	乾隆三十五年（1770年）	嘉应州长乐李敏公入川后裔
周氏宗祠	成都正府街	乾隆十九年（1754年）	粤东周仁德公入川后裔

续表

名称	地点	修建时间	修建者
白氏乐阳祠	成都会府西街	乾隆十年（1745年）	广东和平线白氏入川各支
李氏仕诚公祠	荣昌县城内	乾隆十三年（1748年）	广东龙川县李仕诚公后裔
西湖曾氏宗祠	富顺县西湖旁	嘉庆七年（1802年）	富顺县粤东曾氏各支派
林氏肇基祠	成都半边街	嘉庆十二年（1807年）	粤东各支林氏宗支
刘氏宗祠	成都丁字街	乾隆中	闽粤客家刘氏入川各派
廖实蕃公宗祠	成都正府街	乾隆四十三年（1778年）	闽粤廖实蕃公入川后裔
溪南张氏宗祠	汉州北大街	乾隆四十一年（1776年）	福建南靖汶水张氏入川后裔
成都赟公祠	成都府城中	乾隆中	粤东陈赟公后裔入川后裔
朱文公祠	成都科甲巷	乾隆四十四年（1779年）	粤东朱珍公入川后裔
廖氏万兴六祠	内江桂湖街	乾隆八年（1743年）	福建龙岩州小池廖近林公入川各房后裔
陈氏星聚祠	资州城内	乾隆中	福建龙岩小池南山陈氏入川各房后裔
廖氏老丁灶会	金堂县城	乾隆四十一年（1776年）	福建龙岩州小池廖氏山塘、京源、铜钵诸房

由于许多乡神与宗族的祖先关系密切，或本身就是由祖先演化而来的，因此在某种程度上对宗族的符号意义远远超出了祖先。[①] 故而乡神信仰作为原乡的重要象征，被纳入了宗族的建构中。一方面，宗族对乡神信仰的利用，不但使之成为宗族凝聚的符号，也成为与其他移民群体竞争的重要手段。例如南溪县赵氏家族为乡神寿佛修建了"水晶庙"，认为"庙中所祀之神曰寿佛，从粤俗所祀，不忘所自也"，"名虽庙也，俨若祠焉"[②]。宜宾县李州仁家族独资修建了广东"都爷庙"，作为李氏家族的家庙，为其购置了庙产[③]。广东入蜀的潘氏家族虽然认为"粤省蛮荒，旧

---

① 刘晓春：《仪式和象征的秩序——一个客家村落的历史、权力和记忆》，北京：商务印书馆，2004年，第190－191页。

② 赵永恕：《赵氏家庙记》，载宣统南溪《古柳沱赵氏族谱》卷四，刻本。

③ 李仲龄：《喜捷"都爷庙"》，载中国人民政治协商会议宜宾县委员会文史委员会编：《宜宾县文史资料汇编》第2卷，2013年，第478－479页。

多淫祀"，但"吾族之先粤人也，入蜀以来祖宪仍附祀孔圣、文昌、武圣、灵祖暨三位黄老仙师，有其举之，莫敢废也。①"邻水的邹氏宗族致力于为朱公福主建庙设会，并以"广东福王"的名号向周边宣扬灵迹，努力扩大家族的影响力②。另一方面，乡神信仰逐渐发展成为宗族活动的重要依托。在纳溪县护国镇，原籍广东长乐的陈氏宗族于每年七月初六日定期举办国公会，祭祀乡神兼祖先国成公③，并"于永邑湾滩河上地名黄桷岩有土数亩，购作蒸尝。④"该会的祭祀等级与规模超出了祭祀祖先的清明会，成为陈氏宗族最重要的活动。广东长乐水寨的戴氏家族于清初有数十支系迁入四川，各地戴氏族人都虔信乡神普庵禅师，并规定"普庵佛祖之诞辰系冬月二十七日宜诚祀之……世代家堂焚香祀俸。⑤"移居四川各地的广东长乐黄埔张氏后裔皆在家中设立乡神张道聪的神位，还于"公诞六月十三日，令蜀地叙郡诸县、凡属法景公之后裔者，莫不为之敬奉祝公寿。⑥"在富顺县，广东长乐陈氏的陈秀甫后裔也在族谱中明确规定："凡秀甫发派者，当供王老仙师，六月初六诞。⑦"特别是，一些闽粤移民也和其他移民一样，将乡神名号附于家庭内的祖牌或神榜之上，以符号化的形式将乡神信仰渗透到日常生活中。

（三）乡神信仰内涵的本土化调适

与会馆内的乡神信仰不同，各个宗族信奉的乡神形形色色，且来路不明。随着宗族制度的不断完善，其信仰的合理性也遭到了巨大的挑战。尤其是作为宗族领袖的士绅，面对乡神信仰与淫祀的关联，内心更是充满矛盾。祖籍广东镇平的潘氏宗族就意识到本族祭祀的黄老仙师"殆粤中巫觋特灵者钦，楚人俸阴师怪异与三仙相若。⑧"邻水的邹氏因无法解释朱公大王的来源，因此受到外人的质疑。其谱云"嘉庆时有族人换写神榜。执笔者疑福主朱公各为一神，驳之曰：君家映龙公在唐封平

---

① 佚名：《余祀纪略》，载民国罗泉《潘氏族谱》卷六，石印本。

② 佚名：《随来福主朱公大王记》，载民国邻水《邹氏族谱》卷一，刻本。

③ 2015 年 3 月，笔者到兴宁罗岗镇溪庄村考察了国成公太的庙宇，在当地供奉国成公太的"汉宁庵"。国成公太在罗岗兼有乡神和族神的性质，受到当地陈氏家族和外姓的供奉。

④ 民国纳溪《陈氏宗谱》，抄本。

⑤ 民国成都《戴氏族谱》（上册），石印本。

⑥ 张泽融：《张道聪传》，民国《清河张氏族谱》，抄本。

⑦ 道光富顺《瓦房铺祠陈氏族谱》，抄本。

⑧ 佚名：《余祀纪略》，载民国《潘氏族谱》卷六，石印本。

天一字王，清之公在宋封魏郡王，故神联有封。王神烈传，唐宋之句，封王者既不止一公，则朱为诸字之误明矣，因改朱为诸。①"罗江县监生范师宣在面对族内的乡神时，更是明确地表达了对淫祀的排斥："夫媚祷之事，圣贤弗为，而巫祝之行，土风间出。蜀中开辟以来，地属荒夷，自秦迄汉，文翁之化既邈，武侯之治寝衰。②"在此情形下，如何有机地将乡神信仰与礼制建设相互协调，满足本土发展的需要，成了许多宗族迫切需要解决的问题。

面对乡神信仰内涵的改造，不同的家族给予了不同的方式。

一是强调乡神是祖先信仰的一部分。邻水邹氏家族为了能够说明朱公大王的来由，一方面认为"先是邾文公之后有穆公者，改国曰邹，其夫子因以改姓焉。是朱之与邹姓虽疏，本源则一，故神佑我邹氏，真如佑其子孙也。③"另一方面，邹氏宗族又强调"所以祀祖宗者，祀神哉，必谓不见于《搜神记》《神仙纳鉴》诸书，且沾沾以子不语为辞，而谬以破除迷信自是，岂特神之罪之，抑亦伐入川祖之罪人。④"由此，无论是从姓氏源流，还是从祖先孝道来讲，邹氏家族都给予了朱公大王的存在，并予以新的解释，使之与淫祀剥离开来。

二是强调乡神对于宗族繁衍的重要意义。虽然范师宣批判了形形色色的淫祀活动，但对于本族的乡神而言，他却认为蜀地鬼魅横行，经常导致婴儿夭折，出于宗族延续的需要，借助神力是必要的。伍氏作为远祖，"生而慈仁，长而灵异，学有曲艺"，父老祭祀她，在求嗣方面"每试则效"，故相应的祭祀合情合理，难以言之淫祀。同样，资州罗泉潘氏族绅虽然认为黄老仙师实属迷信，但历来族内婚娶多祭祀该神以求平安，"先辈祀三仙垂二百年矣"⑤，相沿成习，故对族人的信仰也听之任之。

三是将乡神形象予以充分的礼教化。在泸州纳溪，陈氏宗族对乡神国成公太也进行了相应的改造，将原本具有"斋公"色彩的祖先，逐渐改变为"行善乐施"，

---

① 佚名：《随来福主朱公大王记》，载民国《邹氏族谱》卷一，刻本。
② 范师宣：《伍氏祖婆遗嘱》，道光罗江《范氏族谱》上卷，刻本。
③ 佚名：《随来福主朱公大王记》，载民国《邹氏族谱》卷一，刻本。
④ 同上。
⑤ 佚名：《余祀纪略》，载民国《潘氏族谱》卷六，石印本。

标榜礼教的善士，弱化了神灵的道教色彩。[①] 宜宾的李氏家族则将三都司的产生与忠义相连。三位都司为国含冤受死的经历，为塑造乡神的"正统性"提供了极好的依据。[②] 江东峰公是明清以来闽西一带著名的民间神灵，历来被塑造为辅助朝廷平叛的忠义之神。乾隆年间，永定移民江含川将该信仰引入了江津县燕坝。据说在当地祭祀东峰公时，"凡傩醮逐疫，巫道入门，不宣，请杯珓百卜不转，乡人咸知以是，见公之英灵虽远弗屈也。[③]"可见，江氏族人充分借助了"乡人"的眼光，印证了东峰公信仰与巫觋的不同。

在四川，会馆之外的乡神信仰远远要比想象中的丰富和庞杂。即便是在会馆消亡以后，作为和原乡的认同纽带，它们依然顽强地在不少闽粤移民后裔中留存下来。不过，值得注意的是，和原乡与台湾相比，这些乡神信仰并没有成为族群分类的表征。清代四川五方杂处，散居共生的社会形态使这些信仰大部分局限于宗族内部，没有得到进一步的扩散与整合，往往使闽粤移民的群体认同更多地停留在一种自然情感的层面。

四、结论

一直以来，清代四川移民社会是否存在着明确的族群意识，是学界比较关注的问题。而如何理解移民的乡神信仰，成为思考该问题的关键所在。在四川，乡神信仰虽然作为原乡认同的重要依托，在沟通具有相似文化背景的移民群体方面，发挥了一定的作用。但是宽容的移民环境，尤其是本土化与族群互动的深入发展，使得乡神信仰无论是在会馆内还是在会馆外，无论是闽粤移民还是其他，都难以被简单地视作族群意识的标签。或者可以说，从乡神信仰所反映出来的群体认同，更多地还是停留在自发的地缘与文化认同层面，并没有演化成一种界限清晰的我者与他者。这也许便是清代四川移民社会的真实形态。

---

① 根据笔者的调查，国成公太的形象在粤蜀都发生了转变。在兴宁罗岗汉宁庵，供奉国成公太的殿堂被取名"孝应堂"，其形象逐渐变为因失误处死犯人而心生懊悔，决心终生行善的官员。

② 李仲龄：《喜捷"都爷庙"》，载政协宜宾县文史委员会编：《宜宾县文史资料汇编》第2卷，2013年，第478－479页。

③ 佚名：《东峰公传》。江德双：《江津江氏族谱（燕坝五福祠宗支）》，2015年，第482页。

赣南农业信仰的生存变迁
——基于江西希平村、安治村的个案研究

张金金①

摘 要：中国的农业文化源远流长，它是几千年来民众生活的基础，赣南地区独特的地域性使得农业信仰在当地得到长足发展，伴随现代化、城市化的进程，农业生产的重要性在人们生活的舞台已经无法凸显，附着传统农业生产模式下农业信仰的生存变迁现状需要重新界定和解读。一方面赣南农业信仰的消弥具备普遍性和必然性；另一方面赣南农业信仰在某一契机下呈现兴盛的状态，赣南农业信仰的兴盛，建立了新的利益和合法性格局相适应的新秩序。

关键词：赣南农业信仰；变迁；民间信仰

费孝通在《乡土中国》中提及，从基层上看去，中国社会是乡土性的。"土"的基本意义是指泥土。乡下人离不了泥土，因为在乡下住，种地是最普通的谋生办法。② 传统社会土地是民众最亲密的伙伴，农业生产在人们生活中占据重要位置，从传统社会过渡到现代社会，一个重大的变迁在于人们生产方式的变化，土地在今天早已不是我们的生活重心，农业生产的重要性在人们生活的舞台已经无法凸显，关注在农业生产下附着的农业信仰是十分必要的。赣南地区山地、丘陵地势偏多，有着"八山一水一分田"之说，可种植的田地有限，再加上赣南地区的水灾、旱灾、冰雹等自然灾害频发，村落农业收成欠佳是常有之事，风调雨顺、五谷丰登成为赣南民众最基本的诉求。赣南农业信仰在赣南地区十分丰富。

---

① 作者简介：张金金，1993 年生，女，湖北武汉人，汉族，硕士研究生，主要研究方向为客家文化。
② 费孝通. 乡土中国 [M]．中华书局，2013（4）。

一、赣南农业信仰的研究现状

农业文化，即与农业生产实践活动相关的物质文化和精神文化，主要指农业科技、农业制度与法令、农事节日、饮食文化。农业信仰作为农业文化的重要内容，是学者关注的重点对象，有学者认为农业文化与原始农业生活关系密切。林继富提出，农耕民俗是古老农业信仰孕育出来的，旨在供奉神灵、祈祷神灵、护佑丰收。[1]王志芳根据《诗经》有关农业记载，提出了商周时期，通过对春种、夏锄、秋收和冬藏的自然规律的把握，在自然灾害的侵害下，民众繁复有序的农业信仰应运而生。[2] 自然环境和人文环境的影响使农业信仰在特定地域呈现不同的状态。周永健提出，恶劣的地理环境和生产力低下是产生苗族农业祭祀活动的重要原因，民众希冀得到神灵的保佑。吴晓美、宋凌迁从闽东地形的独特性分析当地稻作文化的形成。[3] 可见，农业信仰的产生和发展，与地域独特的地理环境和人文环境息息相关，中国农业民间信仰具备地域多样性、民族多元性、历史传承性和乡土民间性的特征。农业信仰的区域性研究是学者关注的重点。

赣南地区民间信仰十分常见，种类繁复，包罗万象。赣南地区的农耕生活较晚，张佑周[4]、龚国光等人认为汉族移民赣闽粤地区，提升了赣南地区生产力水平，人们从原始刀耕火种的生活方式过渡到农耕生活。王建军提出客家先民在农业耕作过程（春耕、夏耘、秋收、冬藏）中，产生了大量的民间信仰和仪式活动。[5] 研究取向方面，学者多关注赣南农业信仰形成、发展过程和作用机制，罗香林[6]总结了百越民族具有的文化特征，即居干栏、种稻、梯田、铜鼓、重祭祀等，与客家稻作信

① 林继富. 西藏农耕民俗的生成与表现 [J]. 中国藏学，2007 (03)：55 – 61。

② 王志芳. 从《诗经》和考古资料看商周时期的农耕信仰习俗 [J]. 农业考古，2010，(04)：104 – 107。

③ 吴晓美，宋凌迁. 闽东丘陵稻作农耕地区中秋习俗的文化解读及其变迁——以屏南县梅花地村为个案 [J]. 宁德师专学报（哲学社会科学版），2007，(04)。

④ 张佑周. 试论客家文化生成的地理与社会条件 [A]. 中华文化与地域文化研究——福建省炎黄文化研究会 20 年论文选集（第三卷），2011：6。

⑤ 王建军. 试论农耕习俗在农业生产中的作用和地位 [J]. 农业考古，2006，(06)。

⑥ 罗香林.《百越源流与文化》. 国立编译馆中华丛书编审委员会，1978 增补版。

仰的形成关系紧密，揭示客家农业信仰起源。温昌衍[①]认为稻作文化受地理位置和客家先民生存方式的影响。邹春生着重关注族群祈神禳灾习俗和农业耕作的关系，揭示社会环境和自然环境与农业信仰的联系。[②]伴随现代化、城镇化的发展，农业信仰在乡土社会中发生着调适与变迁，学者较少关注农业信仰和区域性农业信仰的发展现状。林慰文提出以农业为主要生产方式的福建地区，土地神崇拜、龙神崇拜和祈雨崇拜等农业信仰普遍存在，但是这些农业信仰在现代科技的冲击下逐渐式微或消失。赣南地区农业信仰十分丰富，有着广泛的信众群体，随着现代化、城镇化的发展，赣南地区人口外流，村落空心化现象普遍，在此背景下赣南农业信仰的生存变迁现状需要重新界定和解读。

二、安治村、希平村的"禳禾苗神"信仰概况

赣南地区农业生产以稻谷为主要农作物，一般为一年二熟或一年三熟，赣南地区夏秋之际，民众会经历两次禾苗栽种和农业收成，在此节点举行农业信仰祭祀仪式，一是祈祷禾苗顺利生长，趋避旱涝灾害、虫灾侵袭等；二是希冀禾苗在生长过程中，风调雨顺、五谷丰登。瑞金市泽覃乡的安治畲族村和希平村在每年农历七月举行"禳禾苗神"的仪式活动。

（一）安治村和希平村的村落概况

瑞金市泽覃乡安治畲族村是瑞金市仅有的少数民族村落，处泽覃乡境中心，安治村是以1930年驻地庵子前谐音"安治前"而得名，但是"庵子前"不仅仅指安治村。今天的泽覃乡地域属于宋朝浮乡三、四里范围；明朝设桃阳隘、新中隘，属常乡一里、浮乡四里管辖；而清朝属中区（设县城）和南区（设武阳）管辖；后来属桃阳区、武阳区管辖；民国18年（1929）全县包括东、南、西、北、中5个区；至民国23年（1934）冬，民国政府在县以下推行区、乡、保、甲制，分别设凌霄乡、凰岗乡、石水乡、庵子乡（这里的庵子乡今为安治、希平、泽覃、陶林、蓝崇、永红6个村落）。1950年名为陶珠乡，1956年改为安治、凤岗乡，1961年安治

---

① 温昌衍. 客家"山居稻作"文化及相关文化事象 [J]. 华南理工大学学报（社会科学版），2005（03）：22—26。

② 邹春生. 略论客家族群祈神禳灾的农耕习俗——以赣闽粤边区为中心 [J]. 农业考古，2009。

公社成立，1969 年为纪念毛泽覃烈士，安治公社改为泽覃公社，1984 年撤社建乡，泽覃公社变为泽覃乡；1997 年至今日，希平村、安治村下辖于泽覃乡。可知，"庵子前"在过去指的现在的安治、希平、泽覃、陶林、蓝崇、永红 6 个村落，尽管"庵子前"不再存在，这 6 个村落却是属于同一个信仰圈，即庵子前福主庙，通过每年的"禳禾苗神"农业信仰祈祷来年风调雨顺，五谷平安。

希平村乡境东偏北，常住人口 40 余户，希平村村名的由来是为纪念安治暴动的领导者、瑞金首任县委书记邓希平。1956 年，为褒扬烈士邓希平，经瑞金县人民委员会决定，邓希平的家乡安治乡赤沙田被命名为希平大队，希平村与安治村在人民公社时期属同一个大队——希平大队，隶属于安治人民公社。直至 1969 年为纪念毛泽覃烈士，安治人民公社经江西省政府批准改名为泽覃人民公社。1984 年撤社建乡，泽覃人民公社改名为泽覃乡人民政府，希平大队改名为希平村。1985 年，希平村分为希平、安治两个村。

安治畲族村东邻陶林村，南毗邻泽覃村，西连光辉村，北接希平村。村落耕地面积 714 亩，山地面积 5880 亩，下辖 13 个村民小组，有 17 个自然村，总户数为 253 户，总人口 1150 余人。其中，畲族 118 户、427 人，占全村总人口的 37%，是省级"十四五"乡村振兴重点扶持村。安治畲族村地处泽覃乡境中心。人民公社时期，希平村与安治村在未分村之前都属于希平大队，隶属于安治人民公社，1985 年，希平村分为安治村和希平村。1986 年，经报赣州行署批准，瑞金市泽覃乡安治村等处蓝姓定为畲族居民。1989 年，经赣州地委统战部批准，安治村命名为泽覃乡安治畲族村，是瑞金市唯一的少数民族聚居村。安治畲族村民主要聚居在该村蓝一、蓝二、蓝三、蓝上、墩子等 5 个小组，过去一直将其统称为"蓝屋"。安治畲族村仅有蓝屋这 5 个村民小组参加"禳禾苗神"的信仰仪式。

（二）禳禾苗神的场景表达

庵子前福主庙的初建，根据《瑞金县志》记载：清朝康熙五十六年丁酉岁（公元 1717 年）县人和本地人——赖定俸、赖梯云、赖世璋、赖定喜、胡魏山、胡采臣、胡文翰、黄承璋、刘份、邓上钊、邓帝佐、顾其贤、邱仲文、高世元、罗应泰、钟学元十六人，合银生息，卖桃阳隘沙子塘田八工五合，卖营下甲田十五工半，又卖黄沙隘桐子坑田十三工七合半，共粮一斗五升三合，共租一百二十斗四升零，建回龙亭，后来升为第二层，庵子前庙楼上塑冯候福主等多尊神像，每岁施茶五月，奉福主庙禾苗神,因为庵子庙在前,因此称作庵子前。

　　庵子前福主庙始建至今,不仅作为信仰场所为民众祈福禳灾,在特定社会语境之下,与民众世俗场所相融合。清朝后期至民国时期,此地为庵子前圩,位于安治村与希平村交界处石桥头,旧属桃阳隘营下甲管辖,原先的福主庙楼上楼下都属于圩市范围,面积十余亩。因此处靠近县城,是瑞金通往荣坑、楼子坝必经之路,又是历代政府、军队、保安人员驻扎之地,十方信士信佛拜神处。故往来人员频繁,店面众多,贸易甚广。市场繁荣,赶圩人除附近几千名百姓外,还有县城附近人常来。新中国成立初期,仍设安治乡政府、卫生所,"文化大革命"期间,仍设供销社代销店、希平大队管委会、农业队、综合场等单位。

　　庵子前庙迄今已有几百年之久,因年久失修,墙壁剥落难堪。2008 年 8 月庵子前福主庙进行重修。

　　(三)禳禾苗神的场景表达

　　瑞金泽覃乡禳禾苗神至今已有近三百年历史。每年五月抬福主菩萨游田塅,禳禾苗神,保佑百姓平安、五谷丰登、六畜兴旺。庵子前"禳禾苗神"分为三条路线进行,三条路线在游神过程中分别祭拜两樽神像,三条线路的村落每个村庄游神一天。第一条路线是塘背—希平村—安治畲族村,安治村共 14 个小组,参加"禳禾苗神"信仰活动的只有畲族蓝屋 5 个小组,祭祀神祇为禾苗神和冯候菩萨;第二条路线是麻帝窝—高屋—沿天老—大湾;第三条是丰树亭—石结(第三条路线现在已不再游神抬神,仅在游神活动当天吹奏乐曲)。本文以第一条路线禳禾苗神为例,主要介绍希平村和安治畲族村(蓝屋)游神活动。

　　蓝屋禳禾苗神仪式相比塘背、希平村来说更为隆重。上午 9 时,蓝屋游神队伍出发,去庵子前福主庙迎神,迎神队伍有 8 个村民负责抬菩萨、4 个村民负责敲锣打鼓,还有其他随同人员,前往庵子前庙走的是新铺的水泥大路,到达庙前,爆烛响彻,村民上二楼福主庙,跪拜菩萨,将菩萨抬上庙返回蓝氏祠堂。回去是根据传统路线,走的是田间小道。11 时到达蓝氏祠堂,蓝屋各个小组成员前来烧香拜菩萨,每一位前来拜菩萨的成员均携带供品。在祠堂天井处杀鸡,鸡血放在金纸上,后焚烧。下午 4 时,游神队伍抬轿,返回庵子前福主庙。蓝屋是"禳禾苗神"最后一天,最后是塘背、希平和蓝屋三个村庄共同送神回庙,同时另外两条路线的菩萨也在同一时间返回福主庙。此时,不同路线村庄鼓乐队会相互竞争,哪条线路鼓乐队声音更大，证明民众更诚心，越能够得到菩萨的庇佑。清晨 7 时左右希平村前往塘背刘氏祠堂迎接菩萨，仅两位老者等候希平村迎接菩萨，与前一日塘背鼓锣喧天、鞭炮齐鸣呈鲜明对比。希平四人抬菩萨入轿，敲锣打鼓小队随其前往希平邓氏祠堂，半个时辰便抵达目的地，以牲畜祭祀，香案前烟火缭绕，祠堂外一些村民烧香祭拜。

三、赣南农业信仰的生存变迁："禳禾苗神"信仰的兴衰

瑞金泽覃乡安治畲族村和希平村农历七月举行"禳禾苗神"的信仰活动在同一社区下呈现两种不同的状态，即"禳禾苗神"表现在安治畲族村的"兴"与希平村的"衰"两种状态。

（一）希平村"禳禾苗神"信仰的消弥

据希平村民①所说："安治村以前人口较多，相当一部分人搬出去了，人少多啦，以前祠堂都挤不进去，仪式活动的日子不是什么假期。以前村民都会请很多村外的亲戚过来，现在参加仪式活动的人变少了，以前好多节目现在都没有了。"

我们可以从菩萨信士、参与者、仪式活动来分析希平村禾苗神信仰的消弥。一、菩萨信士减少，大量村民常年在外，部分民众彻底搬迁出去，更多的是在外打工，脱离了庵子前庙的信仰场所。二、参与者减少，按照传统，祭祀菩萨仪式过程中，请四周亲朋好友前来参加祭祀活动，这源于传统乡村社会结构以血缘和地缘将民众凝聚在一起，形成共同村落认同感，而当下社会"业缘"导致民众背井离乡，四处分散，消散了民众的文化认同感和凝聚力。三、仪式活动简化，赣南农业信仰特点之一就是活动的简化，"禳禾苗神"过去有散禾苗纸在田埂间等环节，现在许多环节都不存在了。据希平村村民②介绍说："仪式活动人变少了，以前好多节目现在都没有了，没有人表演。很多年前，每年都会有一个人表演杂技，抓一大把香放在身上都不会痛，小时候年年都看他，结果后来他不参加活动了。快送回庙的时候，大家会围在一起看表演。现在没有小时候那么热闹了，气氛也没那么好了。以前祠堂刚抬回来放好，现场杀猪、分猪肉，现在猪都没有人养了。"可见农业信仰在赣南地区的祭祀仪式环节简化甚至消失。

---

① 朱芷诺，村委会财务人员，女。
② 邓希平的孙子，邓希平哥哥的大儿子，因邓希平后继无人，便作为其大儿子。

希平和塘背村在 2013—2015 年短暂停止过攘神仪式，塘背村最先开始停止，抬神顺序为塘背村—希平村—寨背村，塘背村攘神停止，希平村也跟着停止攘神，而蓝屋从来没有停止。希平村村民①说道："只要对面姓刘的起了头，我们就不会停止，以前不是这样的，现在简化了。过去我们像你这么小的时候，我们冲到最前面去抢什么你知道吗？抢红旗。下午的时候会围绕农田游转一圈，晚上还会唱戏。塘背、希平好多人都搬出去了，以前人少的时候，整个村庄只有一两户人，仪式活动办不起来。"在改革开放后，"攘禾苗神"仪式活动开展得如火如荼，是民众生活中的重要活动，而当下，"攘禾苗神"仪式简化，甚至仪式停止。

（二）安治畲族村"攘禾苗神"信仰的兴盛

2017 年开始，塘背和希平两村重新开始"攘禾苗神"的仪式活动，蓝屋则是比以前举办的更为隆重。蓝屋"攘禾苗神"的兴盛首先体现在 2008 年 8 月庵子前福主庙的重修。

其次，安治畲族村"攘禾苗神"仪式活动在这两年都更隆重一些，蓝氏祠堂重新修建，蓝屋对攘神活动更加重视。首先参与人群增多，以往村落仅几个人前往庙里接神，返回后，很快就去送神。迎神队伍浩浩荡荡将近 20 人，村中民众从上午11 时到下午 4 时，不断前往祠堂祭祀菩萨。外来参与者增多，有周边村落的很多亲戚朋友来蓝屋做客。

四、赣南农业信仰生存变迁的对比分析

安治畲族村和希平村在 1985 年以前同属于希平村，当地民众十分重视"攘禾苗神"信仰，伴随 1985 年希平村分为希平、安治两个村，同属于一个社区下的"攘禾苗神"信仰却呈现两种不同状态，即希平村信仰的逐渐没落与安治畲族村信仰的如火如荼。

（一）赣南农业信仰消弥的必然性

促使民间信仰的变迁有多方面原因，在自然环境的影响下，农业信仰在赣南地区曾有着广泛的受众，赣南农业信仰呈现的普遍性消弥和没落更多是与人文社会环

---

① 邓希平的孙子，邓希平哥哥的大儿子。

境的变化息息相关。

伴随现代化、城市化的进程，赣南地区开始人口外流，赣南村落空心化现象十分普遍，这可以视为赣南农业信仰普遍性消弭和衰落的最根本原因。从信仰主体的代际更迭角度进行解读，文化变迁表现为年老一代坚守文化传统，青年一代易于接受新文化，从而在两代人之间产生隔阂。谈及赣南农业信仰，只有耄耋之年的人们有过农业民间信仰的"历史记忆"，说起来仍头头是道，现任理事会成员，年长者四五十，年轻人二三十，年长者的历史记忆来源于老人们的口头传承，年轻人知之更少，问起信仰源自何时，答案都模棱两可，多数民众都认为信仰活动在改革开放之后才出现。在赣闽地区田野调查过程中，笔者针对年轻人（18—30 岁年龄段）、中年人（31—55 岁年龄段）、老年人（56 岁及以上）三个年龄段的民众进行访问。其中 80% 的年轻人认为当地农业民间信仰是从改革开放后兴起的，他们对祭祀神祇、相关民间传说或神话等知之甚少；55% 的中年人认为当地民间信仰很早就存在，这一信息大多是在与老年人交流中得知，但其具体时间仍不详；相比年轻人和中年人，90% 的老年人认为民间信仰在当地流传已久，对小时候民间信仰的记忆深刻，讲起来栩栩如生。尤其是文化程度较高的老年人，讲起当地农业信仰的起源、仪式禁忌、民间传说和历史发展，可谓是信手拈来。正因为如此，赣南地区神祇祭祀事先都要与村里老人进行沟通，遵守流传下来的仪式禁忌等。在 2018 年泽覃乡"禳禾苗神"游神途中，因为游神路线与传统路线不一致，在游神的过程中，安治村和希平村双方村民起了争执。可见，随着青年人大批外出务工，他们还没来得及对传统文化形成根深蒂固的观念认同就匆匆去往城市。他们在城市开阔了眼界、增长了见识，与城市文化产生了互动，旧观念模糊的认知与耳濡目染的城市思维形成反差。只在游神的这几天慌忙回到故乡的他们，站在故乡的土地上时，已经成了旧传统的异乡人。

（二）赣南农业信仰的兴盛：民族特色旅游的契机

赣南农业信仰呈现的消弭和没落状态是具有普遍性和必然性的，但同一社区里的"禳禾苗神"信仰在安治畲族村落却表现为如火如荼的状态。近些年来，随着"新农村建设""特色村寨"等的打造，赣南农业信仰转换为当地特色的文化符号。

安治村与希平村在人民公社时期属同一个大队——希平大队，直至 1985 年，希平村分为希平、安治两个村。希平村和安治村分为两个村便于安治村蓝姓恢复畲族身份，进行少数民族村申报。1978 年中共十一届三中全会以后，民族识别工作重新恢复。根据《江西省少数民族保障条例》第八条规定"少数民族人口占总人口30% 以上的村可以申请建立民族村"。① 在安治村分村之前，蓝姓村民并不占多数，分村之后，安治村的畲族人口占到了总人口的 40% ，1986 年经报赣州行署批准，瑞金市泽覃乡安治村等处蓝姓定为畲族居民。1989 年，安治村命名为泽覃乡安治畲族村。

尽管安治畲族村进行了民族身份识别，但是安治蓝氏居民早已经汉化，除了姓蓝，畲族的风俗习惯早已经改变和消失，在民族识别之前作为赣南人的身份，进行着赣南民众的民俗习惯和风土人情，与周边赣南人的日常生活和民俗文化并无二致。安治村民族身份的恢复，正式命名为安治畲族村，确实激活了安治蓝氏畲族的族群认同。2016 年，安治村专门聘请南昌大学旅游规划与研究中心编制了《安治村畲族特色村寨总体规划》，对原蓝屋畲族村寨进行了保护性拆建。在各级政府部门的关心及当地乡贤的支持下，先后投入 350 万元新建畲族文化广场，投入 230 万元维修打造蓝屋宗祠，投入 80 万元聘请专家修建布展畲族村史馆，投入 50 万元修缮保护"安治暴动"桥等革命遗址。一方面保留原始畲族土楼建筑风格，同时融入现代乡村文化气息。

"禳禾苗神"信仰仪式在此契机下再次兴盛起来，并被打造成畲族旅游村寨的文化符号。2017－2018 年安治村开始打造"畲族旅游村寨"，地方政府在构建畲族村落过程中，庵子前福主庙和"禳禾苗神"成为安治畲族旅游村寨宣传点之一，庵子前福主庙成为了具有民族文化特色的旅游景点。地方政府致力于旅游村寨的建设以推动当地旅游经济的发展，在民族特色旅游的助推下，"禳禾苗神"信仰仪式呈现出眼下的繁荣与兴盛。

五、小　结

伴随现代化和城镇化的进程，民众迁移城市，远离故土，以农业主要生产方式

---

① 温小兴，朱俊. 从革命先烈到英雄祖先：赣南族谱的革命书写与文化认同——以篮夏桥"祖先"故事的书写为例［J］. 赣南师范大学学报，2021，42（02）：33－37. DOI：10.13698/j. cnki. cn36－1346/c. 2021.02.006。

的农民发生改变，赣南地区农业信仰表现出消弥和没落的状态，从瑞金泽覃乡希平村举行"禳禾苗神"的信仰活动中可见一斑，甚至 2013 – 2015 年短暂停止过禳神仪式。

与此同时，同一个社区下的"禳禾苗神"信仰在安治畬族村呈现出如火如荼之态。安治村在被认定为安治畬族村之前，与周边赣南村落民众的民俗习惯和风土人情并无二致，1989 年安治畬族村进行了民族身份识别，正式命名为安治畬族村。一方面畬族身份的认定激活了安治蓝氏畬族的族群认同，以重修蓝氏宗祠、复兴"禳禾苗神"信仰活动等方式进一步强化当地民众的族群认同；另一方面，地方政府致力于旅游村寨的建设以推动当地旅游经济的发展，"禳禾苗神"信仰仪式在民族特色旅游的助推下出现眼下的繁荣与兴盛。

赣南农业信仰的消弥与没落已然成为常态化的趋势，赣南农业信仰兴盛往往是由某一"契机"使然。然而，赣南农业信仰的契机与"农业"自身需求是相脱离的，甚至与"赣南"相背离。瑞金泽覃乡安治村"禳禾苗神"信仰仪式的复兴，成为推动当地"畬族旅游村寨"发展的畬族符号，激活了安治畬族村族群认同，却引起同一社区下希平村、塘背村等周边村落民众的不满。"禳禾苗神"作为赣南地区的农业信仰，却转化为宣传畬族符号的信仰。可见，客家农业信仰复兴对于传统文化继承固然是一件益事，但当赣南农业信仰背离"农业"、脱离"赣南"，导致地方民众对赣南农业信仰建构的理解产生分离，一定程度上也加快了赣南农业信仰的消弥。

客家研究与学术前沿

区域族群志的开创之作——
《江西省志·客家志》述评①

金　艳②　温小兴③

　　江西省内居住着约 1 300 万的客家人，是客家人的大本营和发祥地之一，赣南更因其地理位置、历史条件、行政区域等因素被誉为"客家摇篮"。虽然江西省的客家文化研究相较于闽粤地区起步较晚，但从 20 世纪 90 年代至今也取得了十分丰富的研究成果。特别是关于客家族群形成的时间和地域而言，学界基本认同它经历了一个由江西到福建再到广东的渐进演变过程④。

　　客家研究的先驱罗香林先生在《客家研究导论》中多次提到江西境内客家人的来源、分布和特征。罗香林把客家人居住区域划分为"纯客住县"和"非纯客住县"，他把寻乌、安远、定南、龙南、虔南、信丰、南康、大庾、崇义、上犹 10 县划分为纯客住县，把赣县、兴国、于都、会昌、宁都、石城、瑞金、广昌、永丰、万安、遂川、吉安、万载、萍乡、修水、吉水、泰和 17 县划分为非纯客住县⑤。罗香林的划分基本奠定了江西客家人分布的范围，江西客家的研究也在此基础上形成了"赣南强，赣北弱，赣西北、赣中更薄弱"的格局，地区发展的不平衡削弱了江西其他客家地区的存在感，并从整体上弱化了江西客家的影响力。

---

　　① 江西省文化艺术科学规划项目（YG2020046）。

② 作者简介：金艳，女，1996 年生，浙江金华人，赣南师范大学历史文化与旅游 2021 级民俗学专业硕士研究生。

③ 作者简介：温小兴，男，1986 年生，江西石城人，博士，赣南师范大学历史文化与旅游学院讲师，主要从事客家文化研究。

④ 周建新：《江西客家》，桂林：广西师范大学出版社，2007 年，第 35 页。

⑤ 罗香林：《客家研究导论》，《兴宁文史第 27 辑罗香林专辑 2》，2003 年，第 80 页。

随着时代的发展，江西客家人的分布相较于罗香林时代已经有了质的变化，吴福文将江西客家人分布的县市从罗香林拟定的 27 个增至 38 个，增加了井冈山、靖安、高安、宁冈、莲花、宜丰、永新、奉新、铜鼓、横峰和武平共 11 个县市。万方珍和刘伦鑫则依据 1981 年以来江西省各地编纂的方志资料，进一步把江西客家人的分布由原来的县市层面细化到村落层面①。20 世纪 80 年代客家研究的复兴热潮推动了客家人分布的江西各县对本地客家文化的收集、整理和研究，这些研究成果奠定了江西丰富多彩的客家文化内涵和鲜明的地域特色，但将江西客家作为一个整体，进行专门性、系统性挖掘整理和研究的成果依然鲜见。因此，系统、全面地搜集、整理、考证和研究江西客家的起源、发展、演变中的历史、文化及发展，进一步开发客家文化这一地域性资源，编纂反映江西客家全貌的客家志就显得尤为重要。《江西省志·客家志》不仅是对近四十年来江西客家研究的一次阶段性总结，填补江西地方志在客家文化资源发掘中的薄弱环节，更为今后江西客家研究的纵深推进、客家经济社会的改革发展增添了新的内容。因而《客家志》的编纂，既具有历史文化价值，更具有时代意义和现实关怀。

《江西省志·客家志》是江西省政府第二轮《江西省志》的特色专志，也是我国第一部以客家民系为记述对象的志书。该志书由赣南师范大学客家研究中心承担编纂工作，作为客家研究的重要学术机构，该中心组建了教授、博士及地方客家研究专家为主的编纂队伍，经编纂方案、拟订篇目、搜集资料、具体撰稿、评审修订、总纂定稿等整个过程，几乎全由客家研究中心的学者、教授完成。如此之多的学者和高层次人才参与编纂的志书，在《江西省志》其余的 96 部专业志书的编纂中极为罕见。《江西省志·客家志》以区域和族群为特色，通读全书，这部以江西客家为主题的专志具有以下几个方面的特色。

一是内容全面且详尽。该书分为九篇 34 章，分别为：客家人的生存环境与人口村落，经济，文化艺术，体育与民间医药，教育、方言、谚语与歇后语，民俗，宗教与民间信仰，艺文，客家社团与客家研究。全书涵盖了江西客家社会生活的方方面面，是江西客家人的"百科全书"。该志吸收了江西客家研究的最新成果，其内容不仅涉及江西客家地区的经济生产、政治、文化教育，还涉及族群关系、生活习

---

① 万方珍、刘伦鑫：《江西客家入赣缘由和分布》，《南昌大学学报》，1995 年第 2 期。

俗、文学艺术、宗族、墟市等特色内容。例如，该志第二篇——经济篇，为我们展现了辛勤的客家人在江西山区开拓荒地，在发展农业、林业、养殖业的基础之上，还利用丰富的资源，发展传统手工业和商业的经济生活景象。除此之外，本书加入了对于赣南、赣中和赣西北的墟市等客家地区墟市的内容，全面呈现了江西客家传统经济生活的面貌。墟市始于客家先民农副产品的交换，习惯于乡村定点定期集市，与客家人的生活密不可分。在江西，墟市多兴起于水网密布的航道沿岸，并交织出客家乡村的商业网络。直至今天，墟市仍在赣南商品流通过程中发挥着重要作用。从墟市中折射出的客家地区的经济制度、市场活动、交易方式等对于我们观察江西客家的经济生活有着不可忽视的意义。

二是材料丰富且多样。文献资料是否详尽，是衡量一部志书质量高低的重要标准。该志在资料搜集和利用方面下足了功夫，不仅通过多种方式和路径，搜集了不同历史时期的各种关于江西各地客家相关的文献史料，还采用了人类学田野调查的方法，专门组织志书作者深入江西客家县市进行实地的田野调查，把分散在各处的资料加以汇集，并按需添入本志。江西客家的存世文本资料不多，主要集中在各个县市的地方志中，还零星散落在一些专门志、诗文集或笔记当中。本书在考察江西地区客家人的源流时，一方面运用了《战国策》《史记》《山海经注》《江西通志》和地方县志等历史文献来论述江西客家是由生活在境内的三苗人、古越人、楚人、畲民与南迁的中原汉人等融合而成的，按时间次序梳理了江西客家民系经历了从孕育到形成再到发展壮大的动态历史过程。另一方面，利用从各县市搜集到的族谱资料，如《宁都城南富春孙氏族谱》、上犹的《张氏族谱》和定南莲塘的《廖氏三修族谱》等，来考证赣南地区是客家先民南迁第一站，并由此向闽西、粤北发展。该志在资料上的优势，还体现在此书在资料的载体和搜集资料方式上的多样化。全书在资料搜集上不限于书本载体还有客家碑铭、楹联、建筑、习俗、传说、歌谣、舞蹈和客家人本身。该志编纂者历时 4 年，走访了江西省数十个有关县市进行广泛调研，使资料搜集获得一定的广度和深度，并充实了论证材料的多元化。

三是叙述独到且新颖。该志不像一般志书在编纂时只关注正确性，而是无处不体现着人文色彩，力图从文化角度来描述客家文化的深厚内涵。全书字里行间都透露着客家人质朴勤奋的面貌和开拓进取的精神，且在"人物篇"中，以传记和表（录）为载体，共记录了南朝至今的 401 位江西的历代客家名人。该志遵循"生不立传"、详今略古的原则，只要对江西客家卓有成就或较大影响者，不论其职位高低均进行了收录，主要有民族英杰、著名志士、开国将领、两院院士、科技名家以及经国事功、文章德业有卓然名世者。自古以来，江西的客家地区产生了大量的名人和社会精英。从中唐至明清，是江西历史上最浓墨重彩的一个篇章，是江西人文辉煌灿烂的全盛时期，可谓是"朝士半江西"。江西客家人文有着辉煌的历史，不断彰显着先驱者的伟大成就和精神。该志对他们的记录并非是沉湎于过去辉煌的历史，而是试图探索其现代价值并加以继承和弘扬。特别是关于"客家妇女"，既弥补了传统志书书写的不足，也吸收了客家妇女史研究的最新成果，客家妇女在客家族群发展中具有举足轻重的作用。一方面，客家妇女的勤劳能干，在丈夫外出求学或谋生的时候，用自己的肩膀挑起了生产劳动、女红纺织、抚养儿女、赡养老人的重担，以其坚韧不拔的毅力托起了客家社会的半边天。另一方面也体现了本书浓浓的人文关怀，在本书中记录下客家妇女群体的生活状况与人文性格特征，她们在传统时期忙于"四头四尾"，即"家头教尾""田头地尾""灶头锅尾""针头线尾"，是操持内外家务、吃苦耐劳的家庭主妇；到了苏区时期，客家妇女挣脱封建的桎梏，一边在争取男女平权，一边成为生产的主力军，为战争前线进行经济支援。不仅如此，客家妇女在动员亲人朋友踊跃参军的同时，自己也积极参与到革命中去，李美群、孙春秀、马桂莲、何桃英、萧牡丹等用鲜血谱写了一部可歌可泣的客家妇女革命史诗。

地方志具有资政、教化、存史三项功能。一部好的方志不仅具有保存地方文献、帮助政府决策的功能，而且有着作为乡土教材、提供科研材料的重要作用。《江西省志·客家志》中蕴含的丰富历史地理、社会经济、艺文及民俗等资料，便于读者翻阅和研究。另外，在当前文旅融合发展的大背景下，地方特色文化的挖掘显得尤为重要。本书中附有大量的客家建筑、宗祠、服饰、技艺、文物及民俗活动等相关图片和照片，且都有文字详述。这为客家旅游开发提供了历史文化的基础，可以进一步为文旅产业发展增强内生动力。

除上述几个方面外，该志中论及的客家与畲族的融合，以及对古代中国南方地区的开发和贡献、客家文物的保护与利用等方面也卓有特色。总之，《江西省志·客家志》是目前学界关于江西客家历史文化研究最全面、最权威的研究成果，它为了解和研究江西客家的历史文化提供了翔实的资料。同时，它对增强江西客家人的自尊心、自信心和自豪感，对促进江西客家县市的经济、社会、文化的发展起到积极的推动作用。同时，也为后学进一步研究江西客家的历史文化奠定了扎实的基础。

在宗族与寺庙之间：地域社会演进的四保路径——刘永华《礼仪下乡：明代以降闽西四保的礼仪变革与社会转型》读后

彭　兴[①]

刘永华新著的《礼仪下乡》一书，是作者长期研究明代以降闽西四保乡村礼仪变革与社会转型的社会文化史杰作。本书一开始即从中国传统礼仪史切入，随后转入对礼仪社会史研究脉络的梳理，继而展开本书的研究思路与资料基础。为使读者对这地处帝国边缘之边缘的乡村社会有清晰且直观的认识，作者对宋元以降汀州的经济区位、社会生态与人群变迁进行了梳理。在此基础上，作者转入对本书所讨论礼仪活动的空间——四保的环境、聚落与人群进行细致剖析。

一、仪式与仪式专家群体的关系

作者在第一、二章着重探讨仪式与仪式专家群体的关系，侧重处理仪式的三个基本要素——仪式专家、仪式文本、仪式结构，并对重中之重的仪式结构详尽阐述。

本文所着重讨论的四保仪式专家是具有儒家背景的礼生。这种礼生原存在于王朝体系之中，而后（尤其是明初）才逐渐深入民间，成为地方社会最重要的仪式专家之一。在四保，成为礼生需要掌握赞相礼仪、祭文样式、书法、称呼、行礼、择日等技能。四保人对于他们的礼生，有着非常清楚而直观的认识。虽然这一传统在"文革"中遭到毁灭性打击，但在 20 世纪 80 年代得到复兴。对于这段历史的讨论，四保礼生邹恒琛老人的故事非常典型。

① 作者简介：彭兴，男，厦门大学历史系博士研究生。本文的写作受益于厦门大学历史系刘诗古副教授主持"史料研读与论文写作"讨论班 2019 年第二期诸位同学的阅读分享，特致谢意！

在四保，礼生主持的礼仪主要有四类，即祖先祭礼（家祭、祠祭、墓祭）、神明祭礼（邹公、社公、关公、天后）、人生礼仪（满月、婚礼、祝寿、丧葬）和乡约礼仪（正月初二日、三月初三、七月初二）。

这些礼仪的程式大同小异。通常的赞相模式，是由两位或四位礼生主持，有通赞、引赞、亚赞、读赞四种角色分配。礼仪过程主要有七个环节，即"上香礼—初献礼—亚献礼—三献礼—侑食礼仪—送神—焚祝文"。或许是明初"礼仪下乡"的缘故，这些礼仪程式与国家祀典并无二致。

在这些礼仪过程中，通常要使用一种文本——祭文本。祭文本一般由仪注、贴式、祭文、对联、符咒、其他六部分构成。根据使用场合（礼仪空间）的不同，这些祭本文可分为神明祭文、祖先祭文、死者祭文。其中，祖先祭文又可分为两类，即用于特定祖先的专用祭文和适用于不同祖先的通用祭文。

通过对祭文的制作与传抄分析，作者发现，四保礼生在创制自身礼仪传统时，不仅依赖官方认可的文本，而且吸收道教科仪。礼生不仅担任官方、士大夫与村落世界的中介，也担任儒家礼仪与其他仪式尤其道教仪式的中介①。

二、仪式与地域社会的关系

作者在第三至七章着重探讨仪式与地域社会的关系。作者认为，一种新的仪式的引入，很可能是在建构或重组某种社会关系或社会群体。

作者首先从纵、横两个方向考察了发生在明清四保的三次收族实践与围绕"祭礼、系谱、族产"而展开的宗族建构。15 世纪前中期至 18 世纪末，在不同人群的推动下，四保先后出现三次收族潮。首先，15 世纪前中期，在数位中上层士绅的倡导下，第一波收族实践在四保开启。其次，16 世纪末至 17 世纪，在低级官吏、下层士绅和无功名地方精英的倡导下，第二波收族实践在四保开启。最后，18 世纪末，在大族士绅的帮助下，一系列小姓也开始建祠修谱。

明清四保的三次收族实践，主要经历了三个面向的转型。从组织者来看，四保的三次收族实践经历了从中上层士绅向以生员、监生为主的书商群体的转变。从组

---

① 刘永华：《礼仪下乡：明代以降闽西四保的礼仪变革与社会转型》，北京：生活·读书·新知三联书店，2019 年，第 122 页。

织层次来看，四保的三次收族实践经历了从较为低级的房谱状态向更高级的联宗谱系的迈进。从组织规模来看，四保的三次收族实践经历了从以大族收族为主向小族收族普遍化的转向。

围绕"祭礼、系谱、族产"而展开的宗族建构，成为构建宗族共同体不可或缺的三要素。对祭祖礼仪的改造，使宗祠（尤其是远祖）祭祀制度得以建立。由此构造的宗族礼仪空间，成为凝聚宗族力量的重要载体。对宗族系谱的重塑，使邹公身份从土神转向邹祖——前后主要历经六次重塑，最后以邹公（南宋邹应龙）为邹氏祖先的标准版本写入光绪《长汀县志》，公共象征资源实现私有化。这个过程不仅重塑了四保邹氏的族群认同，而且成为弱势宗族（邹氏）对抗强势宗族（马氏）的象征性武器。为此，邹氏创造"邹公救马驯"故事，从而建立祭祀邹公的合法性。

对邹公故事的考察，是作者在四保研究中最重要的发现之一。在此，他提出研究朝廷与民间信仰关系的第三种思路。继华琛的"一神各表说"、宋怡明的"能动改造说"之后，作者提出"反向运动说"。他认为，在邹公案例中，经由地方精英推动，地方公共神明被改造成邹氏祖先，进而与以为著名士大夫相连，最后编入方志。尽管朝廷和宗族都从这个神明信仰中获益，但这种反向运动，即地方精英推动，地域社会将其象征及其诠释打入官方或半官方文献，以此建立自身合法性的过程，最值得注意。

除了营造认同，在四保宗族构建过程中，族产同样必不可少。通过分家提留、代代设祭、添丁助祭的方式，明清四保构建一系列以宗族为背景的团体地主（死地主）。这种以集体形式经营土地的路径，不仅可以有效对抗佃农抗租，而且也为作为族人的佃农提供分享族产收益的权利。不过，这种轮值制度往往对大房有利（轮种多且长），而且贪污（无论是管理者还是耕种者）严重。这种以团体地主出现的土地经营模式，不仅使社会分化呈现社区（共同体）分化趋势，而且使土地经营丧失成为社会晋升通道的可能方式，借贷（钱会、谷会）转而兴起。

但宗族建构也有限度。收族实践表明，宗族规模有限。当发展到一定程度，宗族会自动"分支"。在四保的四类社会关系，即本家、本房、本乡（本房之外的邹氏族人均归入本乡，即宗族建构到此为止）、本图，清晰地显示出来。

综上，借由这三次收族潮，以宗祠、族谱为标志的宗族组织，最终在四保完成社会化。在此过程中，对远祖的祠祭和墓祭，由于礼生赞相祭祖礼仪，在祭祖中利用祭祀文书和新仪式结构的做法，一步步融入当地乡民的象征生活，成为当地祭祖礼仪的重要部分。

在四保，除了建构宗族，"礼仪下乡"同样在乡约建构中发挥了重要作用。郑振满和三木聪的研究显示，从明中期开始，在财政改革压缩州县财政、政府被迫放弃部分职能与里甲制度日趋解体背景下，原有各项政府管理公共事务下移至乡约保甲和乡族组织。

在明清四保，先后出现五个代表性乡约组织，即民间自发组织的六约所、具有官方色彩的长校约、作为跨村落联盟的八将约、宗族内的双泉约与持续时间最长、由数个小型单姓村组成的跨村落联盟——上保约。与大族为重建内部秩序和处理衙门差役而建立的乡约不同，上保约兴起的关键在于，小族意在组织跨村落联盟，以抗衡大族和盗匪。作为已知存续时间最长的乡约，上保约通过组织例行活动和社会活动（如维护水利工程、组织神明祭祀和打醮活动、开设新墟——大桐侨墟场），来维持命运共同体。

在建构宗族、实践乡约后，作者继续考察礼仪在四保构建神明中的作用，作为礼仪空间的神明之演进过程。在这里，作者分别讨论本地神与外来神在四保社会的变迁。

首先是土神转型。前已详述，作为土神的邹公如何被一步一步建构成邹氏祖先的过程——"社公吃人—村民学法—驱除社公"。因此，这里重点论述另一类土神——社公在社区的变迁历程。明初，随着朱元璋的婺州理学派谋士们为实现将民众纳入王朝礼仪体系的意图，因而在设计乡村统治体系时，致力于推行与里甲制度相配套的里社坛、乡厉坛。在这背景下，四保乡民第一次密切而持续地接触、介入王朝礼仪。通过推广，乡民开始熟悉礼生引导的礼仪和他们诵读的祭文，而礼生可能也以此为契机，开始介入乡村礼仪。通过原清流县四保里厉坛碑和当地民间文献记载，可以清楚地看到清流县四保里乡厉坛的演变轨迹。至清末，社坛已成为四保常见的景观。

不过，在这一演变过程中，四保先后出现许多斗法传说。这些传说的基本情节："社公吃人—村民学法—驱除社公"。在这里需要着重指出的是，传说所学之法均为新道教流派的茅山法或闾山法。对于法师击败社公传说在福建的普遍存在，劳格文、丁荷生先后提出两种解释。劳格文认为，这是一种象征叙述，意指畲民被客家取代的过程。丁荷生则认为，这是一种军事之外的征服路径，即外来佛道仪式击败、吸收、取代本土仪式的过程。至于驱赶社公的政治意义，作者认为，社公是国家压榨民众的象征，驱赶社公即象征对国家的反抗。

其次是寺庙进村。在四保，代表忠义、勇武的关帝，往往是社区保护神的象征。而关帝庙的修建，则旨在弥补风水缺陷和确保村落安全。在四保，以包容形象出现的天后，与商业有着密切联系，这种特质是其进入乡村的动力所在。从四保天后宫的修建过程可以看出，商人群体和商业活动（包括墟市买卖和长距离贸易）在其中扮演了相当重要的角色。

除了具有象征意义的天后，在四保的商业活动中，开墟也是颇具象征意义的事件。18 世纪雾阁邹氏开墟成为我们观察四保社会的一个重要窗口。自 17 世纪后期，原本默默无闻的雾阁邹氏，开始进入出版印刷业，实力得到大幅提升。不仅因印刷致富的族人越来越多，而且功名群体也越发壮大，更重要的是，雾阁邹氏还进行明清时期四保的唯一一次合族尝试。至此，在四保，雾阁邹氏成为与马屋马氏角逐地域控制权的劲敌。最终，通过乾隆四十三年（1778）的开墟，雾阁邹氏开始跻身地方权力格局的核心。总之，在宗族竞争过程中，墟场成为关键的角逐场域，这与施坚雅理论不同（雾阁开墟完全是地方政治运作的结果）。可以说，对雾阁邹氏开墟的考察，是作者在四保研究中的最重要发现之一。

除了关帝庙和天后宫，在四保，借由寺庙（神明）而建构的组织还有跨村落联盟与会社。在四保，跨村落联盟表现为四种形态，即数个小型单姓村组成的上保约联盟、数个村庄联合而成的十乡轮祀圈、以马屋邹公庙联盟为代表的大族主导跨村落联盟和以上保邹公庙邹氏三村联盟为代表的同姓或同宗组成跨村落联盟。不过，与莆田平原和台湾北部相比，明清四保的跨村落联盟较为松散，缺乏较为明显的系统性、层级性。作者认为，其关键原因在于，明清时期的四保缺乏形成大规模跨村落联盟的基本动力——既没有大规模水利工程的修建与维持，也不存在明显的族群矛盾与社会矛盾。

在明清四保，神明信仰的另一进展是大量会社的涌现。加入某一会社的民众，多半具备类似的社会背景和阅历（如具备商业背景，拥有监生、生员等功名）。因此，建构、再生产人际关系，是这类会社的主要职能。

综上，作者对权力象征之礼仪在四保乡村社会时空演进过程的分析发现，这里显示有别于珠三角、莆田平原的地域社会发展模式。科大卫、刘志伟的研究显示，在珠三角，祠堂修建和族谱编纂给地方寺庙网络造成极大冲击，即宗族势力崛起并取代寺庙网络成为地域社会主导力量。丁何生、郑振满的研究则显示，在莆田平原，以寺庙为核心的仪式联盟兴起并在明中期以后逐渐取代以宗族为中心的地域社会演进模式，成为支配力量。而在四保，作者研究所显示的历史过程是在宗族发展的同时，大量寺庙开始兴建，两者的扩张同步进行而非相互排斥。作者认为，这是王朝制度、士绅群体、区域生态、商业化等因素共同作用的结果。总之，伴随以"礼仪"为载体的权势转移，四保在日益商业化的明清时期经历了三种不同路径的社会变迁，它们共同描绘出地域社会演进的第三条路径——四保路径。

坐家与客民的互动——评《移民、市场与社会——清代以来小江流域文化的演变》

沈家海[①]

摘　要："新疆"的开发与清水江的疏浚，使小江地区进入"木材流动"时代。本书正是基于此背景贯穿全文，以"地点感"和"时间序列"[②]为线索，及主要由江西迁来的移民——客民的进入，打破了以侗族为主的坐家村落格局；到层次化、多元化的市场与专业化生产村落的形成，共同丰富了小江这一区域社会的空间结构。随着历史进程的推进，作者通过叙述小江社会不同的村寨、人群、文化、市场等因素，向读者展现了小江地区坐家与客民的互动关系及其背后波澜壮阔的历史画卷。

关键词：小江地区；坐家；客民；江西街

地处西南边陲的黔东南以其丰富多彩的历史文化遗产成为田野调查的沃土和重镇，而清水江文书恰是这一历史文化遗产的重要载体。"清水江文书"是由学者对遗存在清水江流域尤其是中下游地区的汉文民间文献而定的一个学术命名。近些年来，清水江文书的系统整理与陆续出版，为探寻和解读明清时期西南地区历史进程提供了一把"新钥匙"。明清之际王朝国家在黔东南地区"六厅"的设立和汉文化的传播渗透，该地呈现由"生界"到"熟界"、由"新疆"到"旧疆"的发展趋势[③]。作者正是基于上述背景知识展开论述，本书所选择的研究对象是位于清水江下游的小江地区。

---

①　作者简介：沈家海，男，赣南师范大学文旅学院 2020 级中国史研究生，研究方向：客家文化。

②　陈春声：《历史的内在脉络与区域社会经济史研究》，《史学月刊》，2004 年第 8 期。

③　张新民：《走进清水江文书与清水江文明的世界——再论建构清水江学的题域旨趣与研究发展方向》，《贵州大学学报（社会科学版）》，2012 年第 1 期。

　　小江地处黔东南，在锦屏县城的西北方向，既是清水江下游的主要支流之一，又是一个区域的统称。小江地区作为侗族的聚居地，以龙姓为主要姓氏。其内部分为六个村落：瓮寨、坪地、新寨、甘寨以及同姓不同后裔的皇封与后来由江西帮和湖南帮为主体的汉族移民整合的江西街。通过描述坐家与客民的互动关系，向读者展现了小江地区背后的文化世界。

　　本书的第一、二章交代了该地区的开发进程，展示了移民进入前该地区的面貌，以及整个小江流域，坐家与坐家、坐家与客民在不同时空演绎的不同故事。明王朝通过设置卫所和府县，对黔东南地区加以经营，将黔东南地区纳入王朝的控制范围。明末清初，黔东南遭遇社会动乱，人口逃散，再次陷入化外之区。清初，"湖广填四川"和"改土归流"政策的推行，"新疆"地区得到不断的开发。加之政府在该地招徕流民，大量的汉族移民进入黔东南地区，其中以江西籍与湖南籍的"客民"最为显著，而"客民"的进入又恰恰使得小江地区的人群与社会结构发生极大地改变。

　　经过"新疆"地区的不断开发以及清水江流域的疏浚，物产和人群在小江地区流动。起先生活在小江地区的九寨侗族群体，围绕赋役承担问题，各寨展开契约协调和利益分配，最终形成由各寨组成的大小侗款组织。大款款首负责召集各宗族族长，定期开会"议款"，制定"款约"。大小侗款组织作为地域社会共同体，以"打草标"、"喊寨"、承担夫役等事务进行地方内部管理。清中后期，侗款组织因兵乱渐趋衰弱，官府趁机以"抽款养练"的方式加强该地区的控制。与此同时，物产的流动加速了小江地区的生产方式由传统的稻作生产向复合林业贸易的转变；而人群的流动，则促使小江地区聚集了以"三帮五勷"为主体的商业移民。其中最典型的是讲客家话的汉族移民——"江西帮"。

　　小江地区的人口构成分为"坐家"和"客民"两大群体，名称体现的是二者入住时间的差异。总体上，小江的村落可以分为坐家村落与移民村落。前者侧重以龙姓为主的村落，后者则是指江西街。而坐家村落当中则以瓮寨和坪地两个村落最先定居在小江地区，二者究竟哪个最先在小江建寨尚不明确，但都有各自的开寨传说，也在小江地区的管理事务中也扮演着各自不同的角色。这些坐家村落在选址居住的风水考量上与后来的客民存在差异，坐家村落因较早进入小江地区，优先占领高坡处的山林田土，拥有自身的龙脉和风水林，这也成为寨子之间划定界限的重要手段。

清代中后期繁盛的木材贸易带动了整个区域经济的发展，小江地区由此进入"木材流动"时代①。首先是瓮寨因势利导，一跃成为当地最大坐家，组建了以"龙氏祠堂"、多座"耕读第"和隆重的"浪庚老"祭祀习俗为标志的强大宗族。之后，由于人口的增长和河段的划分，瓮寨衍生出新寨，新寨枝繁叶茂后分出甘寨，分寨后划分了不同的区域和权利，但子寨依旧遵守着母寨的行为规范。随着母寨、子寨的互动合作，直接刺激以王姓为主的皇封与瓮寨通过"打老庚"的形式建立村寨，同样也推进了江西街的整合。随着移民群体在小江地区的入住，在与坐家争夺生存资源的过程中，其"客民"身份愈发凸显；移民群体则以万寿宫和财神馆为依托，积极参与村落性事务。最终，确立了客民在当地的社会地位。

考察了移民进入小江地区所导致的小江村落内部社会结构的变化后，本书第三章进入移民的个体活动和参与具体的社会事务这一议题。道光年间，清水江流域木材采运制度发生变化，分属锦屏县和天柱县的内三江与外三江共同当江，这一制度的变化使外三江水客进入小江地区进行木材贸易。之前提到，江西籍商业移民积极参与村寨内的公共事务，并从中获利，直接从新寨讨得场坝这处闲置土地；场坝的获得加之原本商人的身份和王寨临江帮的支持，江西籍移民迅速建立了集市。小江集市——场坝的出现，最初是以三合场（赶场、陶器场和瓦窑场）提供商品贸易，随着木材贸易的兴盛，参与小江地区集市贸易的人群网络范围逐渐扩大。货物、山客和水客也沿着河流流动，最终涌入小江集市。而小江集市作为典型的山地乡村市场，其发展俨然不同于施坚雅的基层市场理论②。

小江集市的活跃，使得江西籍移民处于该区域联系圈的核心地带。"来人"（江西籍客民）存在感和参与感的增强，直接威胁以瓮寨为代表的坐家村落。为此，江西籍移民与小江地区的坐家，尤其是瓮寨和坪地二者之间，展开角逐，角逐的后果是小江集市由场坝搬迁至荒草坪，荒草坪是江西籍移民定期向坪地村的南岳庙进香换取的地权。集市搬迁至荒草坪的影响，一方面为集市贸易提供了更大的空间范围和多样的货物种类，另一方面还直接促成"江西街"的形成。"江西街"与"来

---

① 张应强：《木材之流动：清代清水江下游地区的市场、权力与社会》，北京：三联书店，2006年。

② 朱晴晴：《移民、市场与社会——清代以来小江流域文化的演变》，北京：社会科学文献出版社，2019年，第137，138页。

人"的称呼一样，也经历了一个从他称到自称的过程。从他称变为自称的过程，是移民群体对其身份意识的觉醒，也使其兼具了集市与村落双重身份，更体现了"坐家"对"来人"的认可以及二者的联系。

繁盛的木材贸易和小江集市的扩大，带动了该区域商品专业化生产村落的形成。例如，盛产蓝靛果的甘寨、油桐树种植规模化的坪地，同时也影响了小江社会内部的借贷关系。小江地区的信贷体系一般具有三种形式：一是处于日常生活所需，二为贸易的资金周转，三是出于风水的执念进行"讨阴地"。而大小侗款组织以及宗族以"私"的身份在小江社会内部的信贷体系中也扮演了重要角色。除了多样化的信贷方式外，小江地区还存在多元化的信仰市场。市场的层次化、多元化与专业化生产村落共同丰富了小江这一区域社会的空间结构。

本书第四章通过会馆与民间"会"的存在，深入探讨小江内部多元化与延续性的社会结构。会馆作为移民的社会组织，"江西帮"和"湖南帮"考量了其中的血缘、地缘和业缘关系，先后建立起了灵活的股份制移民团体——万寿宫和财神会。

清代普遍存在于清水江流域的"会"，其形式较为多样。在作者看来，大致可分为两种类型：一类是血缘祭祀型的"会"，另一类则是社会公益型与信仰型的"会"①。血缘祭祀型的"会"较为典型的是清明会和财神会，其代表的是乡村社会内部的血缘或拟制血缘关系，房族内部成员以股份制形式共同出资组织各种公共活动；相比前者，公益型与信仰型的"会"，与人们的生产和生活密切相关，如渡船会、路会、老人会、岩神会和土地会。其领域涵盖了从日常生活所需到心理层面的信仰崇拜，不仅将房族的血缘纽带与个体移民的业缘纽带串连，甚至突破了村落范围；这些"会"交织在一起，成为清水江下游独具地方性特色的民间组织，也构筑了该区域社会运行的机制网络。"会"与会馆并存，将小江地区内部不同的人群整合起来，在整体上丰富了小江社会的空间结构，为祭祀与冲突协调提供了场所，成为小江社会运行不可忽视的力量。

无论是移民的入住，还是市场的成形，抑或是移民团体组织的建立，这些都伴随着移民与坐家之间长时间的接触，其间有合作也有冲突，是一个复杂的互动过程。

---

① 朱晴晴：《移民、市场与社会——清代以来小江流域文化的演变》，北京：社会科学文献出版社，2019年，第184—195页。

本书第五章以水资源为切入点，探讨小江地区内部的变化。小江地区的木材贸易给当地的人群与村落带来巨大的利益，如当江、放排和丰富的鱼类与岩石资源。当然，"水利"的背后也蕴含了合作与冲突，围绕"水"的占有与利用，移民与坐家产生了以争夺鱼梁潭、鱼塘和枫树坪三地权属问题的纠纷，最终，立下"江上之规"，用契约书写产权流转。

在小江地区不同的历史进程之中，移民的汉族身份发生改变。以致在 20 世纪 50 年代的民族识别当中，"江西街"移民从国家政策层面确立了自身的侗族身份。"江西街"移民自明清时期进入小江社会，与坐家这一群体展开了长时间的互动，双方互相影响，加上民族历史调查与民族识别提供的契机，多重因素促使客民身份的最终转化。

纵观全书，作为"清水江研究丛书"第一辑的代表性著作，作者撷取了小江地区内村寨与人群的主要片段作具体而微的讨论。循着"'新疆'开发、木材流动→客民移入→坐家与客民互动→小江地区社会整合"的思路，并从宏观社会历史背景的角度勾勒，诠释小江地区的文化传统与社会变迁。能看到作者在史料解读以及章节结构的安排上都倾注了心血。

作者在追寻小江社会历史的内在脉络时，沿着历史人类学的研究径路，立足田野与民间文献拉回到小江地区历史的现场，依照"地点感"和"时间序列"的配合，从长时段、连续递进，为读者形成了小江地区的立体感。可以说，在叙述小江社会不同的村寨、人群、文化、市场因素时，得力于民间文献的收集和利用。对民间文献（如碑刻、族谱、契约文书）中所描述的场景地点进行深入的解释，同时以"大历史"背后的"时间序列"贯穿小江社会的整个历史进程，将小江地区的区域研究置于王朝国家的整体现实关怀之下。然而这作为本书的浓墨之处亦可圈可点，在书写小江地区村寨的社会历史，切换村寨之间的地点时，给读者带来"地点感"上的相对混乱。但这依旧不能掩盖作者对于小江地区运行机制的动态把握，以及文字背后凝聚的乡土情结。

和实生物，同则不继——评《国家在场
与"和实生物"视野中的入川客家人》

周　媛①

摘　要：《国家在场与"和实生物"视野中的入川客家人》一书运用"差序格局"的逻辑，考察人类历史社会的发展与血缘、地缘、族群文化的关系。以客家人的"主位视角"，探寻客家人的文化辙迹，追溯客家人的传统，还原了"国家在场"与"和实生物"的历史全貌。同时本书也对传统文化与现实对接的问题进行了深入的思考，重点关注客家人的族群文化建构与国家、地方之间的互动。客家文化被历史时空赋予价值诉求，但是值得注意的是，"和实生物，同则不继"，学术研究、文化建构需要保持一份理性。

关键词：和实生物；客家；文化建构

客家文化是一种具有典型地域特色的亚文化。在全球经济一体化且文化多元化的时代大背景下，研究客家文化，能让我们了解中国传统文化在不同时空中的多样性和复杂性。关于客家问题，自清嘉庆十三年的广东西路土客大械斗，徐旭曾著《丰湖杂志》便引发世人关于客家源流问题的思考。20 世纪 30 年代初，罗香林先生提出"南迁说"，奠定客家移民史的研究范式，开启客家移民史研究的大门。至 20 世纪 80 年代，部分学者开始对罗香林的移民理论进行反思。以房学嘉为代表提出"本地说"，认为客家人是由古越族后裔与秦统一中国后中国北部及中原流人混合而形成的。这一说法推翻了以往对客家人源流的认知。接着谢重光、陈支平等人提出客家民系是南移汉人与南方各民系历经一千多年来大融合而成的"融合说"，进一

---

① 作者简介：周媛，女，赣南师范大学文旅学院 2020 级中国史硕士研究生，研究方向：客家研究。

步否定了罗香林关于客家界定的传统观念。此后王东等人从语言的角度提出"方言群说"和梁肇庭等人的"文化群说"奠定了当今客家研究的整体范式。而关于客家源流的研究，不仅局限于整体的角度，也进一步对具体区域进行多方面的探论。刘正刚的《闽粤客家人在四川》从移民史角度出发，运用社会经济史的理论方法，并且把移民原籍族谱与移入地族谱结合起来研究，重点讨论了了闽粤客家移民入川，重建四川社会经济和传统社会的过程，较为全面地展示了客家人在内陆地区移民社会的特征。① 孙晓芬的《明清的江西湖广人与四川》一书中列举大量史料文献及田野资料，系统梳理了江西籍移民的历史与现状，对成都东山客家和对重庆等地移民也做了研究，她对江西客家入川的规模来研究客家人聚居与从商置业的历史足迹，尤其弥足珍贵②。我们能通过她对江西移民研究与刘正刚先生的闽粤客家研究互补结合，去探寻赣、闽、粤客家人入川的大致样貌。陈世松的《大迁徙："湖广填四川"的历史解读》一书。他将"湖广填四川"作为一个完整的移民运动迁徙过程，建立了原乡—迁徙—定居创业的观察架构，再现外省移民填川的生动场景，回答了移民如何"填"四川的以及在入川过程中移民生活的实貌③。谢桃坊的《成都东山的客家人》与《成都沙河客家的变迁》中以成都东山客家、沙河客家为重点，做了大量实地考察，概貌做了城镇化之前的整体素描。《成都沙河客家的变迁》一书揭示了成都近郊沙河客家在 20 世纪中后期的沧桑变迁，沙河是客家文化与都市文化的交汇之地，是传统农耕文明与现代工业文明接触、碰撞的"锋面"，谢桃坊先生对这一"锋面"进行田野调查，选择重点村落和场镇，以人文的关怀、历史的叙述、民俗的追寻为读者重绘 20 世纪的成都客家人的生活画卷，反映沙河客家深刻的历史变迁，让读者从沙河的沧桑变迁与客家文化渐行渐远的背影中，去思考传统文化与现代文明的转型与对接的问题。④

以上著述从不同层面探讨了四川客家的历史文化轨迹。综观以上著述，不难发现，四川客家研究对象主要聚焦于成都东山客家，当然这与成都客家的区位优势是分不开的，但却对曾经属于四川的重庆客家，及四川其他地城的客家关注相对较少。

---

① 刘正刚：《闽粤客家人在四川》，南宁：广西教育出版社，1997 年。

② 孙晓芬：《明清的江西湖广人与四川》，成都：四川大学出版社，2005 年。

③ 陈世松：《大迁徙："湖广填四川"的历史解读》，成都：四川人民出版社，2010 年。

④ 谢桃坊：《成都东山客家研究上册：成都沙河客家的变迁》，北京：天地出版社，2005 年。

而《国家在场与"和实生物"视野中的入川客家人》一书意在借用费孝通先生《乡土中国》中的"差序格局"的逻辑，来观察入川（川渝）的客家人。作者认为人类历史社会的发展离不开血缘认同、地缘认同、文化认同、语言认同的族群文化。入川客家人的差序格局也是由血缘关系的家、族而始至乡间邻里、地缘地方社会，最高端处的国家。作者通过对客家人的"主位视角"，去探寻客家人自身的历史记忆，追溯客家文化的传统文化因子，来还原"国家在场"与"和实生物"的历史文化全貌。通过对族谱、碑文、契约文书、家族文献等大量资料的研究以及深入四川多个客家村落进行田野调查，观察他们的日常生活起居，切身体会到"国家在场"与"和实生物"及客家文化的与时俱进。另外，本书对客家研究相关重要问题都有关照，对传统文化与现实对接的问题进行了深入的思考，重点关注了迁居四川客家人的族群文化建构和国家与地方互动两个方面。

第一章"跟着两湖农民走上川去"，作者利用人口学研究的"推拉理论"和对入川客民的原乡光景和迁入地社会环境的对照，移民入川是朝廷政策下的大规模的经济性移民运动，也是入川客人新的文化构建。第二章"祖荫之下"，在中国传统社会的构成中，祖宗是极其重要的存在，以祖宗崇拜为切入点，展示了客家宗族文化强大的"向心力"，其背后是儒家传统礼教文化的渗透影响，这也反映了正统文化与宗族文化之间的互动。第三章"西蜀膏腴 累世经营"，采用"主位视角"，运用大量族谱资料，向我们描述了移居四川的客家人不仅对当地的农业、商业和工业经济发展做出的巨大贡献，同时也不忘追忆祖先，传承家族记忆，修建祠堂，教化后人。通过对客家人入川创业、教化子孙、请会修祠、迁骨重葬、落籍扎根等问题进行分析，展示了客家人浓厚祖先崇拜和族群意识以及对历史文化的传承。第四章"寻谱与寻根"，向我们讲述了川渝客家人突破重重困难，找寻历史记忆，修复族谱，寻根问祖的故事。在探寻入川客家人修谱的目的及意义时不难发现这其中蕴含了浓厚的祖先崇拜之情和强烈的"一本之谊"的思想观念。族谱作为一个家族的历史记忆，既是家族血脉凝聚和情感认同的载体，也是家族传承与振兴的基石。作者在对林氏、萧氏、冯氏续谱寻祖的过程中发现，客家人的祖先崇拜与社会秩序的稳固具有内在关联，并密切联系历史、现在与未来。第五章"从'江湖'到'庙堂'"，借用费孝通先生《乡土中国》的差序格局的逻辑，论述了中国社会自古以来就存在着一种"团结生存"意识，国人以血缘或地缘为纽带，团结族众，凝聚共识去追逐利益，显示出一种"私"。在作者看来，客家人千里入川，固然在于发家致富，繁衍生息的"私"。但于"公"看来，他们是明末清初战乱后四川重建新天府的功臣。第六章"在'江湖'与'庙堂'之间"，以四川客家文化辙迹作为切入点，探讨国家与地方的互动。通过讲述介于国家与家族之间第三方"场域"——四川客家的乡间社会来探讨四川客家文化的辙迹。而研究四川客家的乡间社会首先要从它的世俗文化即民间信仰着手。"民间信仰其实是人们生活世界的一种映射，更是中国民间社会'和实生物，同则不继'的一个生动注脚。[①]"而"国家要真正在场，深入民间，也需要'和实生物'，因俗而治。[②]"这实现了国家文化与地方文化的互动，儒家文化与世俗文化的交流融合。第五、六章将传统中国的社会结构概括为一个从"我"到家，从家到乡间社会，从乡间社会到国家的一个逐级递减的形态。这种社会形态深深地影响着中国社会，并且持续至今。而"在差序格局中，社会关系是逐渐一个一个推出去的，是私人关系的增加，社会范围是一根根私人联系所构成的网络。[③]"这种网络的形成有利于人们追溯祖先，传承后人，沟通过去、现在与未来。第七章"实地考察寻绎"，通过田野调查对移居入川的几个村落进行实地调查，走访了清水沟范家祠、铁佛镇王家祠、重庆尚书村、龙王镇刘家祠等几个地方，以微观的视角了解到"和实生物"中四川客家社会的风俗人情、民间信仰等多方面的社会机制，通过对地方的考察，也切身地感受"国家在场"对地域社会形成的作用。

本书倾注了作者的不少心血，首先从移民史出发，提出以"主位视角"为切入点，将以往对客家研究的视角实现从"他者"对"自我"的转换。从客家人的视角去追忆祖先，回顾移民四川的客家人的经济文化的发展辙迹，这也是近些年来客家学界共同关注的议题。作者以入川的客家人为研究重点，深入客家人的日常生活中，与他们进行深度的文化交流，并做了大量实地考察，并结合民间文献，将四川客家的整体概貌呈现出来。作者通过对处于边缘地带的川渝客家庶民日常生活的考察，去追寻历史的记忆，探索客家先民走过的文化辙迹。让我们看到了客家先民在如何

---

① 郭一丹：《国家在场与"和实生物"视野中的入川客家人》，成都：四川人民出版社，2019 年，第 260 页。

② 同上：第 330 页。

③ 费孝通：《乡土中国》，北京：人民出版社，2008 年，第 34 页。

融入新乡主流文化的同时构建属于客家文化特质的族群认同和历史记忆。本书反映的入川客家深刻历史变迁，让读者可以从村落的变迁与客家文化随时代变化，去思考传统文化与现实的对接的问题。

作者通过个案研究，深入社会基层，以微观叙事的方法去充实中国现实社会的宏大叙事，让我们能更加清晰地感受到四川客家地区国家一直在场，"皇帝与祖宗共同管理着族人"而代表国家意志的礼法制度渗透于民间文化之中。作者认为客家文化在不同的历史时空被赋予价值诉求，但是值得注意的是，"和实生物，同则不继"，学术研究也需要对现实保持一段适当距离①。文化建构需要带着辩证的思维，文化认同也好，文化建构也罢，它包含了族群的情感，而情感有时会遮蔽理性。所以我们需要保持一份清醒，保留一份反思。

---

① 郭一丹：《国家在场与"和实生物"视野中的入川客家人》，成都：四川人民出版社，2019年，第21页。

新世纪中国客家文化研究学术史[①]

黄清喜[②]　　朱犁秋[③]

摘　要：新世纪以来，中国学者对于客家文化研究取得了丰硕成果，设立了多所研究机构，研究队伍不断扩大，一批从事客家文化研究的学者和不少着意刊载客家文化研究成果的刊物相继出现。以新世纪"中国知网"刊发的客家文化研究文章与"读秀"中的客家文化研究著作为依据，梳理、分析新世纪以来客家文化研究的基本概况。结果显示，客家文化研究学者之学术关注主要集中在研究客家文化的物质和精神等领域及有关理论研究范式的转变方面。与此同时，客家文化研究也存在一些不足之处，如研究的地域化倾向、研究范式问题及合作研究缺乏等。总体而言，客家文化研究目前处于繁荣发展阶段。

关键词：新世纪；国内；客家文化；学术史

若从清嘉庆年间客家文人徐旭曾的讲述经门人整理成《丰湖杂记》算起，学者们对于客家的研究至今已有200余年的历史。以1933年罗香林先生出版《客家研究导论》为标志，学者们开始了系统开展立足于现代学术规范的客家研究工作，客家文化的研究也一直受到关注。罗香林先生是广东客家籍著名学者，在客家研究领域

① 本文系2017年度江西省文化艺术科学规划一般项目"南丰傩舞组织形式与运行机制研究"（YG2017144）的研究成果。

② 作者简介：黄清喜，1976年4月生，男，北京师范大学民俗学博士、华东师范大学民俗学博士后，赣南师范大学硕士研究生导师、中国民间文学大系出版工程"故事组"委员会委员、江西省第三届省情研究特约研究员、江西省非遗专家，主要从事民俗学、客家文化等方面的教学科研工作。

③ 作者简介：朱犁秋，1997年7月生，女，赣南师范大学历史文化与旅游学院社会学（民俗学）专业硕士研究生在读。

成果丰硕，著有一系列相关著作，包括《客家源流考》《客家研究导论》《客家史料汇编》等开创性学术著作，其研究成果为我们对客家文化的研究奠定了根基。迈入新世纪，特别是"非物质文化遗产"这一概念引入中文语境，客家文化中的许多方面被纳入国家级或省级非物质文化遗产，加之我国社会文化经济等的快速发展，这些无疑都提升了学者们对于客家文化研究的兴趣，相关著作和文章数量也呈激增之势。本文以"客家文化"为检索词，以新世纪（2001 年 1 月 1 日至 2021 年 11 月 22日）为搜索限定条件，搜索到"中国知网"刊发的 4476 篇"客家文化"研究文章和"读秀"中收录的 3791 种客家文化研究著作为基本数据，进而梳理、分析新世纪以来客家文化研究的情况。文中梳理不足之处，敬请方家指正。

一、新世纪客家文化研究态势

（一）基于客家文化研究著作的统计概况

新世纪以来，国内客家研究迎来了极大发展，涉及客家文化研究的物质和精神等领域及有关理论研究范式的转变方面。如图 1 所示，就客家文化研究的相关著作数量来看，2001 年以来国内客家文化研究总体经历了从衰转盛再呈小范围起伏波动的过程。2001 年～2006 年，客家文化研究著作数量呈现大幅度上升趋势，2007 年著作数量稍有下降但仍保持较高出版数量，2007～2018 年出版数量均在每年 200 种

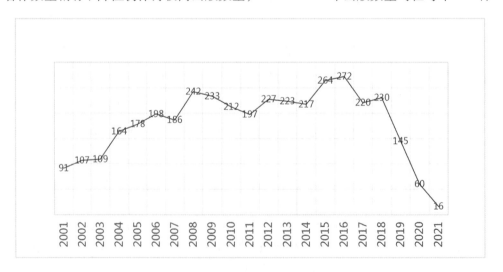

图 1　2001～2021 年客家文化研究著作数量折线图

上下起伏，其中 2008 年、2016 年分别达到 242 部和 272 部两个主要峰值。两个峰值之间虽有下滑波动趋势，但总的来说，学者对于客家文化研究的关注度仍然较高。比较明显的下降趋势出现在 2018~2021 年，这一时期出版的客家文化研究著作的数量呈直线下降趋势。

（二）基于客家文化研究文章的统计概况

通过查阅"中国知网"，将"客家文化"作为搜索"主题"，以 2001 年至 2021 年 11 月 22 日为时间限定条件进行搜索，可以观察出新世纪客家文化研究具有一个很明显的发展趋势（图 2），即自 2008 年至今，每年所刊出的客家文化研究文章均在 200 篇之上，且呈现较为平缓的势头。尤其是 2010 年和 2018 年，刊出文章数为 342 篇和 347 篇，达到两个较高的峰值。总体而言，2001 年之后"中国知网"刊出的客家文化研究文章增长态势基本与这一时期出版的著作增长态势相一致。

图 2   2001~2021 年客家文化研究文章数量折线图

二、新世纪国内客家文化研究的主要领域

2001 年之后，国内学者对客家文化研究兴趣的抬升主要体现在有关研究论文著

作数量的急速增长，以及大量客家研究机构的成立和相关研讨会的召开等方面。从总体上看，这一时期有关客家文化研究的领域不断拓宽，涉及客家文化的物质领域和精神领域的各个方面。其中，涉及客家文化的物质领域包括客家的饮食文化、建筑文化、服饰文化、文化旅游等，而精神领域则包括语言、信仰、习俗、艺术、道德、法律等。以下将对 2001 年之后客家文化研究的物质和精神领域的主要方面进行梳理。

（一）文化领域的研究

1. 对于客家饮食文化的研究

2001 年以来对客家饮食文化的研究，内容主要涉及客家饮食的来源、变迁、特色、文化内涵及其对客家文化旅游开发价值的影响等方面，多集中在对梅州、赣州、闽西、台湾等地的中国客家饮食文化的研究。

通过在"中国知网"输入主题为"客家饮食"进行查询，发现 2001 年前学者就客家饮食研究发表的文章仅有 2 篇。事实上，2001～2005 年，学者对于客家饮食的关注热情依旧较低。学者温珍琴在 2005 年江西省语言学会年会上提交了一篇有关客家饮食谚语与客家文化多元性的研究论文，这也是国内首次发表的有关客家饮食研究的参会论文。紧接着 2007 年、2011 年、2016 年及 2017 年均有客家饮食相关的论文参会并发表，但仅占少数，且多是借助客家饮食开展的与学者自身学科相关的研究，对于客家饮食本身的研究也缺乏相应关注。2006 年和 2007 年，学者有关客家饮食的研究明显增多，尤其是 2007 年，广西师范大学 6 位硕士生以地方性客家饮食文化、习俗作为其学位论文选题进行研究并发表成果。此后，有关客家饮食文化研究的博士、硕士学位论文陆续出现，与报纸期刊等的研究趋势相一致。2008 年以前，学者们多就客家饮食文化的来源、特色等方面进行研究；而 2008 年之后则多就客家饮食与文化旅游资源开发进行研究。笔者猜测或许是 2008 年我国南方雨雪灾害和汶川地震等事件重创了我国旅游业，国家随即制定落实了多项旅游发展计划以拉动旅游市场发展，而学者敏锐的学术洞察力使得他们尝试将客家饮食文化资源与旅游产业联系起来进行研究。2001 年之后，有关客家饮食文化的著作成果相继出现，如黎章春著的《客家饮食文化研究》、罗士卿主编的《连城客家美食文化》、宋德剑和罗鑫著的《客家饮食》等，也都对客家饮食文化做了一定介绍和论述。但就目前发表的学术成果来看，学者多将客家饮食文化与旅游产业结合起来进行研究，而对于客家饮食文化的特色保护与传承方面的研究则较少关注。

2. 对于客家建筑文化的研究

新世纪作为一个重要的节点，在此之前有关客家建筑的研究文章寥寥无几，此后学者们陆续对此给予关注，取得了丰硕成果。从发表的学位论文看，2002 年西南交通大学周密发表其硕士学位论文《成都东山地区客家乡土建筑研究》，首次将客家建筑作为学位论文选题进行研究，此后与此选题方向相关的学位论文陆续出现。此外，相关著作陆续出现，如学者李秋香著《乡土民居》、学者吴庆洲著《中国客家建筑文化》（上、下册）等，都对客家建筑文化做了一定的介绍和论述。就学者对客家土楼的研究来看，客家土楼作为客家建筑的一个代表，2001 年便出现了研究的小高峰，随后即呈波动上升趋势，至 2012 年达到目前为止研究的最高峰。究其原因，大概与 2001 年节点以及福建土楼的申遗工作有关。事实上，早在 20 世纪末期，学者就已陆续展开有关客家土楼的申遗工作，进入 21 世纪后，申遗工作更是大力推进。福建永定客家土楼于 2008 年被列入《世界文化遗产名录》，而后该景区又于 2012 年获我国"年度最受欢迎景区"称号，这些无疑都提升了学者对客家建筑进行研究的动力。

学者对客家建筑文化的研究主要是有关客家土楼、围龙屋等的建筑文化、美学价值、旅游等方面的研究，学者多以建筑工程类、美术艺术类专业为主，涉及赣南、梅州、惠州、岭南、闽西、粤东北等地区的民居建筑，也有将客家建筑文化与客家风水联系起来进行的研究。总的来说，2001 年之后学者对于客家建筑的研究总体呈波动上升趋势。就研究成果发表数量来看，华南理工大学、嘉应学院、赣南师范大学等成为研究客家建筑文化的重要阵地。但这一时期，学者们对于客家建筑如福建土楼、客家围龙屋的保护与传承研究相对较少。

3. 对于客家服饰文化的研究

对于客家服饰文化的研究也是伴随着新世纪的来临而逐步展开的，目前已取得了一系列的研究成果。例如，学者周建新，张海华著《客家服饰的艺术人类学研究》，作者从人类学、美学等视角，对客家服饰的形成、发展等方面进行分析，实现对客家服饰的多视角系统研究；学者陈东生、甘应进、刘运娟等著的《海峡两岸的客家服饰文化与艺术》，从社会学、哲学等多学科视角，探讨客家服饰艺术与客家文化之间的关系。此外，还有一系列相关研究文章发表，如兴宁市地方志办公室李小燕发表的《客家传统服饰谈》，对客家人的传统服饰的风格、特色及各个时期的发展变化情况进行了系列介绍①。刘运娟、甘应进、陈东生在《闽西客家服饰文化旅游价值开发》一文中，从旅游学角度出发，尝试对闽西地区的客家服饰进行研究，试图将闽西客家服饰作为一项重要的旅游资源与当地旅游产业相结合②。

2001 年之后学者们对客家服饰文化的研究主要涉及赣南、粤东等地区客家妇女及儿童服饰的特色、价值及保护传承方面，以此为研究方向并发表学位论文的学者多以设计艺术学和美术学专业为主。从 2012 年开始，有学者陆续就客家服饰的应用进行研究。例如，学者熊青珍、罗志强就现代陶瓷酒瓶设计与客家独特的服饰文化之间可能产生的融合进行思考，尝试以此来展现客家服饰独特的风采魅力③。近年来学者们关注到客家服饰在现代服饰设计、家居设计等方面的创新应用问题。目前在乡村振兴背景下，也出现了精准扶贫视野下对于客家服饰的研究关注，学界对于客家服饰的研究呈现与现代实际应用相结合的新动向。

4. 对于客家文化旅游的研究

学者钟俊昆提出，"进行客家文化的产业化开发是深化客家文化研究重要趋势的途径之一"④。2001 年之后，国内学者对于客家文化旅游的研究成果大量出现，相继发表了一系列相关研究文章和著作。例如，学者俞伟汉、徐一周著的《陆川客家》，内容包括对岭南客家旅游产业的论述；学者徐锡锋著的《客家文化旅游》，主要论述了客家旅游资源开发及客家文化与旅游开发的关系。此外，还有学者向玉成、徐杰舜、邱云志主编的《遗产旅游与文化中国》，学者刘日太、何正彬著的《石壁与客家世界》等著作，都对客家旅游文化资源做了相关论述。2001~2021 年，相关研究文章数量快速增多，主要涉及赣闽粤及台湾等中国客家地区旅游资源的开发、利用及文化生态保护等一系列问题。另外，我们国家及部分省份，如江西、福建、广东等，也都对有关客家文化产业化发展投入资金支持。就目前发表的研究成果来看，2008~2009 年客家文化旅游研究成果显著增多，究其原因，应是 2008 年国家

---

① 李小燕：《客家传统服饰谈》，《广东史志》，2002 年第 3 期，第 63 - 68 页。

② 刘运娟，甘应进，陈东生：《闽西客家服饰文化旅游价值开发》，《天津纺织科技》，2011 年，第 50，51 +63 页。

③ 熊青珍，罗志强：《客家妇女服饰文化在陶瓷酒瓶设计中的应用——有感于"红豆情"陶瓷酒瓶的设计》，《江苏陶瓷》，2012 年，第 8 - 9 页。

④ 钟俊昆：《客家文化研究与客家文化的产业化》，《赣南师范学院学报》，2012 年，第 7 页。

旅游政策的推动。

实际上，自 2001 年以来，学者对于客家文化旅游的关注度明显增多，尤其是依托客家文化资源中的物质领域及非遗资源发展客家文化旅游产业，但新世纪最明显的下降低值出现在 2020 年。显然，2020 年"新冠"疫情的爆发对于旅游业的影响较大，国民响应号召自觉居家隔离，学者无法进行实地田野资料的搜集工作，致使这一年有关研究成果明显减少。目前，学者对客家文化旅游方面的研究出现回升趋势。总体来看，2000 年之后，学者对于客家文化旅游资源开发、利用等路径的研究较多，而对客家文化旅游资源保护研究关注却较少，尤其是对客家建筑及客家山歌等方面。

（二）精神文化领域的研究

1. 对于客家方言的研究

2001 年之后，学者对于客家方言的研究占据客家文化研究的最大比重。从横向上看，有关客家方言的研究主要分为两大类别，一类是语言学学者对客家方言的特质如词汇、语音、语法、方言岛及保护等方面进行的研究，从而深入描写客家方言的语言面貌，有关这一部分的研究占据客家方言研究成果的绝大部分；另一类更多的是其他专业学者从社会文化等角度对客家方言进行的研究，通过将客家方言研究与客家文化研究相结合，充分发掘客家方言的精神特质和历史文化内涵，同时，这一类研究也涉及对客家方言的保护及传承问题。从纵向上看，2001～2013 年，学者对有关客家方言研究的发文数量呈波动上升趋势，至 2013 年到达峰值后呈缓慢波动下降趋势。但总体来看，学者对于客家方言研究的兴趣仍是非常高，占据客家文化研究领域之最。究其原因，从 2002 年开始，我国学者陆续组织参与客家方言研讨会，学者对于客家方言研究的兴趣得到很大提升；另外，将客家方言作为研究对象的硕士、博士学位论文从 2001 年开始便陆续出现；更为重要的是，2015 年国家启动中国语言资源保护工程，以现代化技术手段对包括客家方言在内的面临衰亡处境的语言开展抢救工作，学者对于客家方言的关注也持续升温。

实际上，学者对客家方言的关注研究从 20 世纪便开始了。2001 年之后，随着研究的广泛深入，学者对客家方言的研究主要集中在客家方言的特性、演变、困境与保护等方面。这一时期的研究既有从整体上对客家方言的研究，也有对某一区域的客家方言的研究。张利珍较早分析了客家方言与普通话在声乐中的咬字差异，以梅州客家方言为例并提出一些纠正差异的方法①。此后在高校中陆续开始出现以客家方言为研究对象而撰写的博士、硕士学位论文等，掀起了一股研究客家方言的热潮。从 2001 年有学者首次发表学位论文开始，2016 年一年之中发表的学位论文就有近 20 篇，是目前为止发表学位论文数量最多的年份，这显示高校研究者开始对这一研究领域的浓厚兴趣。例如，刘锡涛博士论文《宋代江西文化地理研究》，在论述宋代江西方言地理一章中，首次将客家与客家方言及赣方言的研究放在学位论文中阐述②，还有暨南大学的 1 篇有关客家方言特征词研究的博士学位论文发表。就发表的有关客家方言研究的学位论文数量来看，暨南大学和广西师范大学占客家方言研究的重要位置。另外，近年来，多学科视角也陆续融入客家方言研究。例如，学者罗鑫著《客家话概说》一书，运用语言人类学、社会语言学视角，对客家话的特点进行梳理，将客家话的全貌以及客家话背后的文化、族群心理进行呈现③。2001 年之后，学者们对于区域性的客家方言研究兴趣增高，如练春招的《粤西廉江石角客家方言音系》，刘汉银的硕士学位论文《南康客家方言语法研究》，邱前进的硕士学位论文《广西宾阳客家方言研究》等。此外，出版的其他客家方言的著作还有陈晓锦著的《广西玉林市客家方言研究调查》，李如龙、邓晓华著的《客家方言研究》等，涉及湖南、广东、四川、广西、江西等地区的客家方言研究。

为保护正在消失的客家语言，南昌大学文学院于 2002 年建成客赣方言数据库，为客家方言的调查研究及保护提供了便利条件④。同年 2 月，嘉应学院成立客家方言研究所，致力于对客家方言的保护及研究。2004 年，由罗美珍、林立芳、饶长溶主编的《客家话通用词典》出版发行，该书以文本化的形式保存了客家方言，也为后来研究客家方言的学者提供了资料参考。另外，语言保护工程的启动后，学者将更多的关注点投向对客家方言的保护传承，学者对于客家方言保护传承的研究逐渐增多。学者闫淑惠在族群认同视野下，关注客家方言对于客家族群认同的重要意义，并为客家方言的未来发展提供参考思路。总体而言，2001 年之后，学者对于客家方言的研究兴趣大为提升，相关研究走向更深层次。与此同时，客家方言研讨会等学

① 张利珍：《试析客家方言在声乐中的咬字差异》，《广东教育学院学报》，2000 年，第 92 - 95 页。
② 刘锡涛：《宋代江西文化地理研究》，《陕西师范大学》，2001 年。
③ 闫淑惠：《族群认同视野下的客家方言》，《江西社会科学》，2019 年第 7 期，第 239 - 244 页。
④ 东石：《客赣方言数据库在南昌大学文学院建成》，《中国语文》，2002 年，第 95 页。

术会议多次有序召开，语言保护工程也相继启动实施。

2. 对于客家山歌的研究

客家山歌是客家方言地区所唱山歌的总称。2001 年开始，便有学者李寿粦就客家山歌与中外民歌在歌词、内容、曲调等方面存在的差异进行比较，并为客家山歌提出发展策略①。学者对客家山歌的研究多集中在客家山歌的历史来源、音乐艺术特征、旅游资源开发、传承及发展等方面的研究，其中尤以研究客家山歌的音乐艺术特征及课堂实践应用为主。2006 年，广东"梅州客家山歌"被国务院批准为第一批国家非物质文化遗产，学者对客家山歌的抢救和保护工作随即大量展开，相关成果陆续产出。同年，首篇以客家山歌为主要研究对象的硕士论文发表，此后，与此相关的学位论文陆续出现。尽管 2006 年客家山歌申遗成功，但有关客家山歌的传承与保护难题一直受到学者的广泛关注，为此学者就传承与保护客家山歌提出种种研究对策。这些对策主要集中在国家的政策支持，学校的课程引入，与旅游产业相结合的资源开发以及表演形式的创新等方面。实际上，从 2008 年开始，便陆续有学者将客家山歌与旅游开发联系起来进行研究，数量虽然不多，但足以反映学者对于国家旅游产业政策走向的把握。总体来看，2001~2016 年，有关客家山歌的发文数量一直处于波动上升阶段，2016 年至今则处于缓慢下降趋势，但总体而言，虽然发文量有所下降，但学者的研究兴趣依旧较高。究其原因，大概是客家山歌申请"非遗"的成功以及 2011 年文化强国战略的推动。有彭素枝著的《台湾六堆客家山歌研究》，钟俊昆编著的《客家山歌文化研究》，刘晓春、胡希张和温萍著的《客家山歌》，王东、陈海斌编著的《客家山歌文献与研究》等相继出版。此外，也有大量相关研究文章陆续发表。例如，邓育文在《客家山歌源流新探》一文中，通过比较客家山歌与《诗经》歌词中的结构、内容和文学三方面的本体特征，将客家山歌歌词的最初源头追溯到《诗经》，最后得出客家山歌大部分源于中原、江淮等地区，也有一些来自于客家地区原住民的民歌的结论②。学者钟俊昆、郭起华在《论客家山歌文化的旅游开发》一文中，将客家山歌与旅游资源开发结合起来进行研究，为

---

① 李寿粦：《客家山歌与中外民歌的比较》，《嘉应大学学报》，2000 年，第 116 – 119 页。
② 邓育文：《客家山歌源流新探》，《艺术百家》，2011 年第 4 期，第 245 – 247 + 273 页。

客家山歌的传承与保护寻找实现途径①。该文属于较早将客家山歌与旅游资源开发联系起来进行论述的文章。张晓梅在《赣南客家山歌的保护与创新》一文中，就赣南客家山歌的保护与创新问题提出一些基本的方式和措施，如对客家山歌的旋律曲调、歌词内容及演唱形式等进行创新，加强音乐理论方面的研究等。② 总体来看，新世纪对于客家山歌的研究尤以嘉应学院、赣南师范大学、星海音乐学院等高校的研究成果最为丰硕。

3. 客家民间信仰的研究

客家民间信仰作为研究客家的重要内容，在客家传统社会中占有重要位置。实际上，与我国台湾地区学者对于客家民间信仰研究的较早关注不同，20 世纪 80 年代后期，我国大陆学者才逐渐开始关注研究客家民间信仰方面。20 世纪 90 年代，法国著名人类学者、汉学家劳格文先生对我国大陆学者的客家民间信仰研究工作做出相当大的推动。2001 年以前，我国台湾地区学者对于客家民间信仰的研究著作及文章已经出现很多，研究也较为深入。2001 年之后，大陆学者对于客家民间信仰研究的热情大为提升，尤其是对三山国王、定光佛、义民爷、风水等信仰研究及信仰仪式研究的兴趣增多，相关研究论著成果数量增多，客家民间信仰的研究逐步深入，其研究地域涉及赣南、粤台、闽西、桂东南等地区。另外，有学者陆续运用社会文化史、人类学等对客家民间信仰进行研究，也取得了一些成果。例如，学者周建新、温小兴在《社会文化史视野下的国内客家民间信仰研究》一文中，从社会文化史的角度对 2001～2010 年客家民间信仰的特性、风水信仰、神明崇拜等研究进行梳理，用以展现 2001～2010 年学者对于客家民间信仰研究的走向问题③。就"中国知网"总库中收录的文献来看，厦门大学余丰的《传统与嬗变：地方社会转型中的宗族与民间信仰——以闽西客家桂龙乡为例》④，是首次将客家民间信仰的研究放在硕士学位论文中进行论述的文献。此后，与此选题方向相关的学位论文陆续出现，但总量

---

① 钟俊昆，郭起华：《论客家山歌文化的旅游开发》，《特区经济》，2008 年，第 158 - 160 页。
② 张晓梅：《赣南客家山歌的保护与创新》，《艺术教育》，2007 年，第 33 页。
③ 周建新，温小兴：《社会文化史视野下的国内客家民间信仰研究》，《民俗研究》，2009 年，第 256 - 266 页。
④ 余丰：《传统与嬗变：地方社会转型中的宗族与民间信仰——以闽西客家桂龙乡为例》，厦门：厦门大学，2001 年。

上依旧较少。2001 年之后有关客家民间信仰的相关著作成果也相继出现。例如，学者谢重光在《客家文化述论》一书中，专设一章就客家宗教与民间信仰之间的关系进行论述；学者刘海燕、郭丹著《闽台客家宗教与文化》，分析闽台地区的客家人的宗教信仰与文化民俗等各个方面，为闽台客家人的文化交流起到促进引导作用；学者林晓平著的《客家民间信仰与民俗文化》，该书在田野调查及文献资料搜集的基础上冲破了以往零散地对客家民间信仰方面的研究，对客家民间信仰进行系统而全面的梳理；学者邹春生著的《文化传播视野下的客家民间信仰研究》，在文化传播视野下对赣闽粤边区的客家民间信仰进行系统研究。此外，2001 年之后有关客家民间信仰的学术研讨会也相继召开，如"客家民间信仰与地域社会"等国际学术会议。

总体来看，2001～2010 年，学者对于客家民间信仰的研究主要集中信仰本身的特征、功能及发展等方面，此后，陆续有学者对客家民间信仰与客家社会发展变迁之间的关系进行研究，产出的此类研究成果基本上都是以个案研究为主，也有将客家民间信仰看作一种资源应用于旅游产业的研究类文献出现。陆续也有学者就客家民间信仰的研究路径进行分析，如赣南师范大学张金金根据路遥对民间信仰研究划分的三种路径，提出目前客家民间信仰的研究首先需要完善其通论式研究，其次需要补充和创新个案式和整体性的研究路径[①]。总体而言，2001 年以来学者对客家民间信仰的研究仍以三山国王、定光佛、义民爷、风水等信仰研究及信仰仪式研究为主，而对于客家民间信仰的社会发展变迁及应用研究仍有待进一步的发展。就目前发表的有关客家民间信仰研究的文章数量来看，赣南师范大学、广西师范大学、嘉应学院等是开展客家民间信仰研究的重要机构。

三、新世纪客家文化研究的特点

自 2001 年以来学者们对有关客家文化研究的理论研究范式的转变也给予了很高程度的关注。学者周建新、徐维群、熊青珍、俞万源、谢重光、邹春生、周晓平、廖开顺、吴良生、钟俊昆等发表了一定数量的研究文章，赣南师范大学、嘉应学院、

[①] 张金金：《赣闽粤客家民间信仰研究的路径、概况与走向》，《赣南师范大学学报》，2018 年，第 34 - 39 页。

龙岩学院、华南理工大学等高校产出的研究文章丰富。2000 年开始就有学者对 21 世纪客家文化的发展走向进行预测，如学者葛文清从经济发展角度进行剖析，认为客家文化发展至少具备六个基本特征，客家人也将进一步朝着以文化为认同方式的方向发展①；张卫东从人类文化发展的角度，认为客家文化研究者应以"海纳百川，有容乃大"的心态来面对世界文化大潮②。学者周建新、王梁宇在其最新研究文章中指出，客家研究一路走来，经过了由"民系论"到"族群论"再到"文化论"的转向过程，在"文化论"引领下，对客家"文化"的研究自然成为热点。不仅如此，客家文化研究方法也由以历史学与语言学为主，向民族学、人类学、民俗学、文化学等学科方法转变，使客家文化研究方法实现新的突破，取得丰厚了成果。这一时期，中国大陆成为客家研究的学术重心，③ 学者们对于客家文化的研究总体呈现两大特点。

（一）研究范式的转变

学者邹春生尝试从移民运动角度到文化传播角度，对客家研究范式的转换进行论述，认为过去很长时期内关于客家研究的主要范式是在中原移民史的视野下进行的。针对这一视野存在的弊端，他提出转换视角，在文化传播视野下寻找客家文化形成的原因，得出是文化的内部和外部力量的共同作用使得中原汉文化得以在客家地区反客为主，从而形成独特的客家文化④。

学者蒋武生、孙廷林在其 2016 年发表的文章中指出，当下学者们基本上仍是以罗香林先生"民系—文化论"研究范式对客家文化进行研究，但该范式存在着一些不可避免的局限性。于是，作者认为应重视运用交叉学科等新的研究方法对客家文化进行研究，并相信这对实现客家文化研究新的突破意义重大，如已有学者运用人

---

① 葛文清：《客家文化 21 世纪走向之照察》，《闽西职业大学学报》，2000 年，第 4 期第 1 – 3 页。

② 张卫东：《21 世纪文化的冲突与客家文化的发展》，《深圳大学学报（人文社会科学版）》，2001 年，第 6 期第 86 – 92 页。

③ 周建新，王梁宇：《客家族群认识论转向与学术知识体系建构》，《中央民族大学学报（哲学社会科学版）》，2021 年，第 3 期第 76 – 88 页。

④ 邹春生：《从移民运动到文化传播——略论客家研究范式的转换》，《客家研究辑刊》，2015 年，第 25 – 30 页。

类遗传学研究方法对客家人的基因族谱进行研究①。

而学者周建新认为，目前学术界对客家文化的研究主要经历了三个大的阶段。第一阶段是 19 世纪中后期至 20 世纪 30 年代；第二阶段是 20 世纪 30 年代至 20 世纪 80 年代，这一阶段主要是受历史学影响下的"民系—文化论"研究范式；第三阶段是 20 世纪 90 年代至今，这一阶段学者们对客家文化的研究进入了"后罗香林时代"，由"民系—文化论"研究范式转向了"赣闽粤边地域社会论"和"族群—认同论"的研究范式。"赣闽粤边地域社会论"研究范式虽然为近年来海内外客家文化研究做出了贡献，但现有的研究成果对这一范式的解释体系存在诸多矛盾，仍需要进行理论反思工作。与此同时，海外学者及中国台湾地区的学者们逐渐从历史学的研究方法中跳跃出来，大量吸收人类学理论研究方法，构建"族群—认同论"研究范式，促使客家文化研究实现新的突破。至此，这一研究范式逐渐兴起并成为主流。此外，基于对以往客家文化研究范式的借鉴和反思，学者提出了"客家文化是一个地域文化，又是一个族群文化"的理论观点，试图从族群人类学学科范畴出发，对客家文化进行研究②。

总的来看，新世纪对于客家文化理论研究范式进行关注研究的大陆学者并不多，由海外学者及中国台湾地区的学者构建的"族群——认同论"研究范式正在成为我国客家文化研究的主流。但我国部分学者，如周建新等仍在致力于构建新的理论研究范式，促使客家文化研究更好地适应全球化浪潮。

(二) 学科之间的融合

2001 年以前，很多学者侧重于从历史的角度来论述客家方言、山歌、建筑、饮食、服饰、信仰等与中原文化之间的渊源关系。目前，许多学者意识到或已在实践中逐渐从历史学中跳跃出来，运用人类学、语言学、民俗学、文学、社会学、宗教学等多个学科对客家文化进行研究，使其同时具有了多学科、跨学科以及学科整合的意义，研究空间和视角得到大幅度拓宽。例如，学者周建新在《客家研究的文化

---

① 蒋武生，孙廷林：《正视局限性与构建新视角——客家文化研究的现状与反思》，《客家文博》，2016 年，第 75 – 80 页。

② 周建新：《客家文化的研究历程与理论范式》，《广西民族大学学报（哲学社会科学版）》，2016 年第 6 期，第 81 – 85 页。

人类学思考》一文中提出由"民系"到"族群"这一学术话语的变化无论是否合理或是否正确，其变化本身就说明了目前学科背景与内容的转变，而文化人类学在此转变过程中扮演关键角色，尤其是文化人类学田野调查法与深度访谈法在研究中的具体运用。同时他也认为，客家文化研究需要运用多学科领域的知识①。此外，学者邹春生运用文化学视角，对客家文化的物质、制度和精神层面进行系统考察，他指出，客家文化是一种文化混合体，在物质层面上，客家先民积极向当地土著居民求教，因此保留了大量的土著文化；而在制度和精神层面上则是更多地反映了中原汉民族的文化②。学者马强指出，"近年来客家文化研究已成为多学科、跨学科研究的对象，音韵学、语言民俗学、历史地理学、谱牒学等学科视角都与客家文化研究产生了互动关系。③"

近年来，随着多学科进入客家文化研究领域，一些学者陆续就客家文化研究的学科融合问题进行反思。例如，学者万建中认为，"多学科的介入的确曾促成了客家研究的一时兴盛，但现代学术早已跨越了多学科参与的阶段，即使再多的学科进入，也是各自为政，互不关联，仅仅是客家研究的全覆盖而已。倘若由不同学科的学者组建团队，共同完成某一客家课题，这才是跨学科或交叉学科的研究，采用这种机制显然有助于研究的深入。客家学术的复兴不是简单引入更多学科，而是方法论的更新和对以往客家研究的深刻反思，提升其理论层次和拓展其深广度。④"学者谭富强、黄清喜也指出，"当下客家研究范式还未形成，尽管多学科视角已介入客家研究，但这种短暂的繁荣并不能真正使得学术共同体的作用得以发挥，学科之间的对话依旧难以开展。⑤"

另外，2001年以来，我国学者逐渐意识到对于海外客家文化研究的资料掌握不足，对于海外研究客家文化的专著所做的译介工作较少。基于这一认识，一些高校

① 周建新：《客家研究的文化人类学思考》，《江西师范大学学报》，2003年第4期，第113－117页。

② 邹春生：《物质·制度·精神：客家文化的层次结构——一种基于文化学视野下的学术考察》，《西南民族大学学报（人文社科版）》，2005年，第74－77页。

③ 马强：《现代学术视域中的客家文化研究及其思考》，《天府新论》，2013年，第121－125页。

④ 万建中：《客家研究的文化政治学——基于客家研究现状的反思》，《云南师范大学学报（哲学社会科学版）》，2018年第2期，第65－71页。

⑤ 谭富强，黄清喜：《中国客家研究百年学术历程与反思——基于论文与著作的分析》，《嘉应学院学报》，2018年，第7－15页。

和学者陆续致力于开展对这些海外成果的译介工作，这一时期的译介工作对于我国客家文化的研究来说很有分量。例如，嘉应学院客家研究院于 2013 年翻译和出版 6 部海外客家研究著作，对客家文化研究意义重大。然而，目前还有很多海外优质客家文化研究学术成果未被译成中文，仍需我国翻译工作者的不懈努力。

四、总　结

通过梳理 2001 年至今客家文化研究学术史，纵观客家文化研究，我国学者取得了丰硕成果。尤其是对客家文化研究范式转变的关注，体现学者们对于传统主流客家思想进行重新审视的态度，为客家文化研究实现新的突破创造了重要条件。总体来说，自 19 世纪中叶客家研究成为一项世界性的学术事业开始，关于客家文化的研究便从未中断。进入新世纪后，国内学者对于客家文化的研究在内容上涉及各个方面，有关客家文化研究的著作文章呈现快速增长和多元化的特点。无论是有关客家文化的整体性研究，还是区域性研究均有相当数量的成果陆续出现。另外，广东省客家文化研究基地、全球客家文化研究中心等客家文化研究机构相继成立；全球客家学术研讨会、世界客属恳亲大会，世界客商大会等重要国际性会议也在有序开展，客家文化研究呈现多元态势。

近几年来，我国学者陆续对目前的客家文化研究进行总结和反思，大多集中在研究者、研究机构、出版机构存在地域化聚集倾向，研究范式较少，客家人及非客家籍学者话语权缺失，合作研究缺乏等方面。就研究的地域化聚集倾向而言，目前我国进行客家文化研究的学者、机构大多集中在赣闽粤等客家聚居地区，田野调查研究的主要对象也未突破这些地域空间，有关学术杂志、刊物出版机构及客家民间组织也大都聚集在这些地区；就研究范式而言，2001 年至今，我国大陆学者对于客家文化理论研究范式的关注研究并不多，由海外学者及中国台湾地区的学者构建的"族群—认同论"研究范式正在成为我国客家文化研究的主流；就话语权问题来看，目前，进行客家文化的研究者大多仍是客家籍学者，而对客家文化的研究并非只是客家学者的专利，对于客家文化的研究需要更多客家人及非客家籍学者的发声，从而使得客家文化的研究更为完整全面；就客家文化的合作研究而言，目前我国学者虽与海外研究者有一定的学术交流，但国与国之间、地区与地区之间的合作研究总体比较缺乏，尤其是我国学者对海外客家文化研究成果资料依旧获取不足，更多的

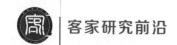

互动合作有待加强。另外，学者们更多地将客家文化应用到具体的旅游开发实例当中进行研究，注重开发其经济价值，而对其非遗保护的关注度不高①。总的来看，学者对这些目前研究中存在的问题的深刻反思，也为更加深入地开展客家文化研究提供了可靠的和必要的学术参考，有利于提高客家文化研究的整体水平。

当然，从客家文化研究的完整性来看，我国客家文化研究也应重视对海外客家籍华侨的客家文化的研究。事实上，客家人从宋朝末期开始向海外迁徙，至今已有700余年历史。目前，据不完全统计，分布在世界上的五大洲80多个国家和地区的客家人口达1500余万人。海外客籍华侨虽远在异国他乡，但独特的客家文化仍伴随着他们的生产生活，这使得客家研究本身具有国际性特征。目前，我国学者应更加重视这一特征，对海外客籍华侨及客家群体也给予重要关注，从而使客家文化的研究更具全面性和完整性。同时，要注重与海外客家学者进行学术交流，努力建构具有中国特色的客家文化研究理论范式和话语体系，以彰显中国客家文化研究应有之学术风貌和学术影响。

---

① 沈振萍：《基于CSSCI的客家文化研究回顾与反思》，《重庆三峡学院学报》，2017年，第59－67页。